新教育
NEW EDUCATION

新教育文库　通识书系

新教育文库·通识书系

让梦想开花
——我和『新教育实验』

李镇西　著

山西出版传媒集团　山西教育出版社

图书在版编目（CIP）数据

让梦想开花：我和“新教育实验”/李镇西著. —太原：山西教育出版社，2017.7（2018.7 重印）
（新教育文库. 通识书系）
ISBN 978－7－5440－9319－4

Ⅰ. ①让…　Ⅱ. ①李…　Ⅲ. ①中学教育－教育研究　Ⅳ. ①G632.0

中国版本图书馆 CIP 数据核字（2017）第 153872 号

让梦想开花——我和“新教育实验”
RANG MENGXIANG KAIHUA——WO HE XINJIAOYU SHIYAN

文库统筹　童喜喜
特邀策划　文龙玉
出版统筹　潘　峰
责任编辑　王介功
复　　审　李梦燕
终　　审　潘　峰
装帧设计　王春声　陈　晓
印装监制　蔡　洁

出版发行　山西出版传媒集团·山西教育出版社
（太原市水西门街馒头巷 7 号　电话：0351－4035711　邮编：030002）
印　　装　山西人民印刷有限责任公司
开　　本　720×1020　1/16
印　　张　13
字　　数　220 千字
版　　次　2017 年 7 月第 1 版　2018 年 7 月山西第 3 次印刷
书　　号　ISBN　978－7－5440－9319－4
定　　价　35.00 元

新教育文库
总序

教育实验是一项细致而长久的工程，需要通过一代人去影响另一代人，不能急于求成，不能故步自封，一定要学会等待，一定要耐得住寂寞。

新教育实验更不例外。

中国教育有许多弊端，但仅仅是怒目金刚式的斥责和鞭挞，虽然痛快却无济于事。对于中国教育而言，最需要的是行动与建设，只有行动与建设，才是真正深刻而富有颠覆性的批判与重构。

新教育实验就是寓行动于重构之中，寓批判于建设之中。

新教育要做的，就是给教师和学生一种幸福完整的教育生活、一个开阔无垠的精神视野，让他们更深切体验人的内心的复杂性，不但要了解生命的伟大和宇宙的博大，而且要感受生活的丰富与人性的丰厚。

从2000年《我的教育理想》的出版，新教育思想悄然萌芽，到2014年“新教育文库”的第三版修订，此时此刻的中国大地上，2000多所学校的200多万新教育师生，正走在新教育的路上。

以追寻理想的执着精神、深入现场的田野精神、共同生活的合作精神、悲天悯人的公益精神，埋首耕耘，成就我们的人生、我们的教育、我们的民族。这就是新教育精神的本质内涵。

新教育追求高度，但永远不会高高在上；新教育培养卓越的教师，更关注普通的教师；新教育不是一个精英俱乐部，而是一个宽容开放的团队。新教育始终敞开胸怀，永远等待、拥抱理想主义者。真实的新教育，永远在田野中，在千千万万默默无闻的普通老师的教室里。

新教育人，就是这样一群有着共同梦想，遵守共同标准的志同道合者。彼此为对方的生命祝福，彼此珍惜生命中偶然的相遇，彼此作出郑重承诺，共同创造一间又一间完美的教室，共同书写一篇又一篇生命的传奇。

新教育不求无懈可击的理论体系，而是强调行动起来，在实践中思考，在实践中提升，在实践中成长。帮孩子成为自己，让我们成为自己，一个完整的幸福的自己。我们不是人类文明的创始者，但人类文明可以通过教育的伟大理想穿越时空，通过我们今天的行动变为现实。

当然，我们也知道，只有对新教育的认识从“概念”向“信念”推进，由“理想”转向“思想”引领，激发出人们深沉的情感、执着的意志，从精神世界的积淀表现为主题的自觉行动时，新教育实验才可能真正成为人生力量和教育智慧的策源地。

“新教育文库”，正是总结、梳理、传播新教育人的所行所思所得的一种努力。无论是经验还是教训，这一路跋涉的足迹，将成为指向明天的路标。在这套文库中，不同书系有着不同定位：我们希望用“通识书系”积淀下新教育的根本书籍，用“蒲公英书系”及时总结一线教育经验，用“萤火虫书系”全力搭建家校沟通的平台……我们并不准备用一部部书籍堆砌功名的城堡，但我们盼望这一部部心血凝成、行动书写的图书，能够成为一块块砖石，铺就一条通往彼岸的桥梁。

那么，新教育的彼岸是什么模样？

我想，彼岸是一群又一群长大的孩子，从他们身上能清晰地看到：政治是有理想的，财富是有汗水的，科学是有人性的，享乐是有道德的。

亲爱的新教育同仁，我们正在这条通往彼岸的船上。让我们同心同行，过一种幸福完整的教育生活。行动，就有收获。

坚持，才有奇迹。

朱永新

于北京滴石斋

新教育的“镇西”先锋——李镇西（代序）

前不久，镇西兴奋地告诉我，他的第一本新教育著作《让梦想开花——我和“新教育实验”》就要出版了，希望我能够写一个序言。

尽管最近正值民进中央大调研和地方组织换届，频繁地出差，休息时间又要大量研读资料，准备新教育的年度主报告，每天早晨4点多就开始一天的工作，我还是答应了镇西的请求，决定为他写序。

因为，镇西的确是一位新教育先行者。

2001年，镇西考取了我的博士生。在读书期间，他就提议我开通网站，作为推行新教育的阵地和教师们交流学习的平台，因此也成为“教育在线”网站的重要创建者。后来的事实表明，这个平台的搭建起了非常重要的作用：它把天南海北的同路人都聚在了一起，在这里记录他们教育教学过程中的点点滴滴，催生了许多感动人心的故事，涌现出许多值得敬佩的教师。还有许多新教育的有缘人，也是因为这个平台而爱上了新教育，直到现在，它仍然发挥着不可替代的作用。当然，最近新教育已经开始打造“教育在线”的升级版，将手机终端、手机软件紧密联系起来，加强老师们的互动参与，扩大新教育的资源平台。但李镇西担任第一任总版主的“教育在线”，已经成为新教育历史上浓墨重彩的一笔。那时，他已经是当之无愧的新教育先锋。

镇西博士毕业后，我曾经非常希望他留在苏州，但他还是选择了回到成都继续服务家乡。2004年6月，我们一起在中央电视台西部频道接受访谈，做了一期《新教育实验》的专栏节目。当时我对镇西说，希望他还能成为西部新教育的“先锋”，为西部地区开展新教育实验多做一些工作，成为真正的新教育“镇西”。

很快，闲不住的镇西离开了纯粹的研究岗位，出任武侯实验中学校长。他的教育理想在这所学校里得到了充分体现，他自己也说他“留下了一座满是故事的校园”。武侯实验中学也是武侯区第一所新教育实验学校，是第一粒火种。接下去成立的武侯实验中学附属小学，更是把新教育实验做得风生水起，有声有色。

2012 年，在山东淄博临淄区的新教育实验第 12 届年会上，镇西在闭幕式上做了一个讲话。他的讲话很感人，也算是立了个军令状。他说：“朱老师，我回去以后，一定把武侯的新教育实验推动起来。你再给我几年，到武侯来检阅一下我们武侯的新教育军团！”

2013 年，在镇西的推动下，以“阅读的力量”为主题的新教育国际高峰论坛在武侯区新教育实验区顺利举行。在镇西的影响下，武侯区其他学校的老师也慢慢开始探索，逐渐走上了新教育道路。

2015 年，镇西从校长岗位上卸任，武侯区教育局专门聘请他作为武侯区新教育实验区的负责人，推动实验区的工作。他很自豪地对我说，他现在是武侯区新教育实验区的“区长”了。他说，他做“区长”以后，比做校长时候更忙了。武侯区的老师也说，李镇西老师现在是“以搞传销的精神在传播新教育”。他常常背着双肩包徒步走到学校去做培训。他告诉我，这种忙碌是值得的，特别是看到武侯区的老师成长起来，比他自己成长还开心，这些老师是武侯教育的真英雄，是教育发展的持续动力。

如今，武侯区新教育在李镇西的带领下，从播种到开花，已经走过了十个年头，也为武侯区的教育做出了积极的贡献。37 所学校，200 多名种子教师，从一个点到一条线，新教育在武侯区的影响力越来越大。教师在成长，学校在改变，学生度过了幸福美好的童年和少年，父母们也重新认识了教育本身，大家一起真诚、努力地做教育，得到了不同程度的成长，对教育也充满希望。公众教育研究院的实证评价数据也表明，自从武侯区区域参加新教育实验之后，学业成绩和教育水平都有了可喜的提升。

2016 年，同样是在镇西的努力下，“师韵武侯——教师成长与新教育实验”的全国开放周活动在武侯实验区圆满召开，吸引了国外学者和全国许多地方的老师前来学习。

2017 年初，镇西又正式当选为新教育研究院院长，成为新教育管理团队的重要领导。他开始自觉地在全国各地讲述新教育的故事，讲述新教育实验与教师成长的理论与实践。他通过自己的微信公众号“镇西茶馆”积极宣传新教育，并且把读者打赏的13万“赏钱”捐赠给新教育基金会。我们高兴地看到，他不仅是新教育的先锋，也成了新教育的“镇西将军”，更要成为全国新教育实验的“元帅”。

镇西的这本新书包括新教育思考、新教育实践、新教育人物三个组成部分。这本书一如他以往的风格，充满激情与感性，文字平实而流畅。其实，我不认为这本书是他的第一本新教育著作。他的很多教育著作，在一定意义上也都是新教育的。思想和行动是一条长河，思考和实践是他这本书的主体，也是他多年做教育的双翼。有思有行，是这本书与镇西做教育、做新教育的鲜明特色。

希望听到更多的新教育人讲述自己与新教育的故事，记录自己的思考与实践。在新教育路上，我们有思有行，一路同行！

朱永新

2017年5月12日晨，写于北京滴石斋

目录

新教育思考

新教育实践

新教育人物

新教育思考

XINJIAOYU
SIKAO

新教育的起点在哪里?

“我们走了很远，却忘记了为何出发。”这句话让我想到了新教育。

教育已经喧嚣很久了，各种眼花缭乱的“理念”，以及花样翻新的“模式”，如同雾霾一般包围着我们，让我们越来越不知道该如何搞教育了。于是，归真返璞，回到起点，成了越来越多的教育者的呼唤。新教育试图将这种呼唤变成行动。

那么，新教育的起点在哪里呢?

我们经常说“办人民满意的教育”，这句话似乎说清楚了起点。但这句话其实很空，抽象的人民看不见也摸不着。能不能更加具体一些?我认为，“人民”对于我们教育者来说，其实就是我们每天面对的孩子。所以我觉得，是不是“办孩子满意的教育”要好一些?

我们教育的出发点和落脚点，都应该在孩子身上——他们现在成长的快乐，他们今后生活的幸福……这些都取决于我们每一天的教育。

但是，我琢磨了一下，感觉这句话还不能让我满意。因为很难或者说几乎不可能有一种教育，能够同时让所有孩子满意。凡是教过书的人都知道，面对五六十个学生，一堂课只能照顾大多数，那么，“前面”的少数和“后面”的少数显然就不会满意。再有，根据多元智能理论，每一个人的智力都属于不同的类型，或者说，不同的人会有不同的智能组合。可现在，我们对所有不同智能的人都开一门课，提出同一个学习目标。这样一来，所谓“办让孩子满意的教育”也成了一句美丽的空话，“看上去很美”而已。

怎样才能真正让孩子满意呢?

我认为，只有适合每一个孩子的教育，才能让每一个孩子满意。因此，我们提出“办适合每一个孩子的教育”。

那么，怎么才算是“适合每一个孩子”呢？“适合每一个孩子”的什么呢？对此，我同样朴素地回答：适合每一个孩子的特点。在我看来，正视并尊重孩子之间的差距和差别，符合每一个孩子特点的教育，就是好教育。

所谓“每一个孩子的特点”，通俗地说，就是每一个孩子精神上的独特之处。我所敬仰的苏霍姆林斯基有一句话经常在我耳边回荡，并震撼着我的心灵：“共产主义教育的英明和真正的人道精神就在于：要在每一个人（毫无例外地是每一个人）的身上发现他那独一无二的创造性劳动的源泉，帮助每一个人打开眼界看到自己，使他看见、理解和感觉到自己身上的人类自豪感的火花，从而成为一个精神上坚强的人，成为维护自己尊严的不可战胜的战士。……人的充分的表现，这既是社会的幸福，也是个人的幸福。”前几年，我偶然读到了法国前总统萨科齐在2007年秋天写给全法教师的一封信，信中有这样几句话：“教育就是试图调和两种相反的运动：一是帮助每个儿童找到自己的路；一是促进每个儿童走上人们所相信的真、善、美之路。”

无论是苏霍姆林斯基所说的“帮助每一个人打开眼界看到自己”，还是萨科齐所说的“帮助每个儿童找到自己的路”，都是一个意思：教育必须针对每一个独一无二的孩子，并满足他“自己”无与伦比的精神世界——性格、志向、兴趣、智慧、能力……这方方面面的独特性，都是我们教育者应该也必须关注并满足的。其中任何一个方面，都可能成为“这一个”孩子的精神制高点，成为他一生的自豪所在，促使他“成为维护自己尊严的不可战胜的战士”！

研究并发现每个孩子的特点和潜力，使其享受求知欲和成长的快乐，就是新教育的起点；唤醒并发展他们的潜能，帮助他们成为最好的自己，拥有幸福而完整的人生，就是新教育的终点。

2013年12月30日

“新教育”不“新”

由著名学者朱永新教授发起，全国三百万师生参与的新教育实验正风起云涌。“新教育实验”为了表述方便，通常简称“新教育”。正是这三个字，往往引起不了解新教育的人一些误解甚至反感：你们搞“新教育”，那我们搞的就是“旧教育”了？你究竟“新”在何处？

其实“新教育”并不“新”——真的，它一点儿都不“新”。

如果追根溯源，新教育算是舶来品。作为一项教育改革运动，新教育发端于19世纪末至20世纪初的欧洲。这是一场资产阶级教育改革运动，其主要内容是建立与旧式的传统学校在教育目的、内容、方法上完全不同的新学校，因此也称“新学校运动”。这场新教育（学校）运动影响整个世界，成了美国进步主义思潮的一个起点，并且对中国20世纪初的教育改革产生了重要影响。我们耳熟能详的许多伟大学校，如尼尔的夏山学校、小林宗作的巴学园、杜威的芝加哥大学实验学校等，以及近百年来教育史上许多著名教育家，从罗素到沛西·能，从蒙台梭利、皮亚杰，到怀特海、杜威，再到陶行知、陈鹤琴等等，也都深受“新教育”思潮的影响。最早把新教育引入中国的是陶行知、蔡元培和陈鹤琴等老一代教育家。

当代中国的“新教育”，与历史上的“新教育”之间有一些共同的特性：都旨在对现实的教育进行反思、批判和重构，都主张尊重儿童的个性与自由，都试图对当下的教育和社会进行创新和改良，都是民间草根的自发行动，等等。在这个意义上看，今天的“新教育”是历史上“新教育”的一段新的“链接”和“延续”。哪里有什么“新”呢？

而且，从新教育实验所提倡的理念来看，也了无“新”意：“营造书香校园”新吗？“为了一切的人，为了人的一切”新吗？“尊重学生的个性”新吗？“无限相信教师和学生的潜力”新吗？凡此种种，都不新，都是中外教育家说过的。因此，新教育的理念其实并不新，它是古今中外经过无数教育家倡导过甚至实践过的真理，所以从这个意义上说，新教育实验的理念已经不需要“实验”了，只是因为从国家级课题管理的角度，它被叫作“实验”罢了。

因此，新教育人认为，就教育理念而言，关于新教育之“新”，并不是前所未有的“横空出世”，而是归真返璞和与时俱进——也就是说，今天所进行的新教育实验，是让教育回到起点，将过去无数教育家所憧憬的教育理想变成现实；但也不完全是一成不变的“复古”，而是根据当今时代的需要将有关理念赋予了新的含义并有了一些新的做法。

朱永新老师说：“当一些理念渐被遗忘，复又提起的时候，它就是新的；当一些理念只被人说，今被人做的时候，它就是新的；当一些理念由模糊走向清晰，由贫乏走向丰富的时候，它就是新的；当一些理念由旧时的背景运用到现在的背景去继承，去发扬，去创新的时候，它就是新的……”

现在如果有人穿旗袍，我们会说，哟，你今天穿了一件新款式的衣服，可实际上旗袍在中国早已有之，只是多年没人穿了，今天有人根据当下审美观进行了创造性加工，一穿出来便成了“新”的。同样，读书有益于人的成长，这个理念新吗？当然不新，但许多人不做，而我们做起来了，而且拓展了更丰富的阅读内容和方式，这就是“新”！

因此，今天的新教育实验不是把过去的完全推翻而创造新的，而是在继承优秀传统的基础上，剔除糟粕，取其精华，创造更符合时代的教育。简单说，新教育之“新”，不是“除旧更新”之“新”，而是“推陈出新”之“新”。

2016年1月23日

新教育实验的理念不需要论证

下午，我参加我校附属小学新教育实验小型座谈会，参会的除了行政班子，还包括先后派去鄂尔多斯、焦作、海门学习新教育经验的万宇、代洪英、邓双艳、包虹婧、钟丽、喻杰六位老师。我先听取了六位老师的汇报发言和她们的一些顾虑和疑问，然后做了如下发言（根据回忆整理）——

我准备讲四点，讲这四点之前，我先要强调我为什么要到这个学校来做校长。新教育实验寻找一批“尺码相同的人”，我到这个学校也是“寻找尺码相同的人”。所谓“尺码相同”，就是志同道合。也就是说，我下面的话是说给志同道合的人听的。如果我们没有共同的追求，那我们就失去了沟通的可能性，我也就没有必要说下面的话了。当小学校长已经三个月了，我感到我们小学老师真的非常……嗯，非常可爱！我是很郑重地用“可爱”这个词的。我们和老师们接触，确实觉得小学老师纯真可爱。

最近两次派出去学习的都是老师，而不是干部。包括最近去海门学习，最初谢校长向我提出，说希望去海门学习“缔造完美教室”，我还没同意，因为学校经费实在紧张。但最后我想了想，还是派，不过我对谢校长说：“干部不去，要派就派老师！”以后都这样，如果经费紧张，宁肯派老师，而不要派校长、主任，因为最后回来做事的是老师。所以除了鄂尔多斯年会，焦作和海门我们都派的是老师去。

好，我讲四点。

第一，新教育实验是为谁提供的？是为以教育为生命的人提供的。那年去青海塔尔寺参观，我被寺里的酥油花震撼了。寺庙的一个僧人告诉我，酥油花塑造工艺复杂，要进行大量的选料、配制、做模等前期工作。由于酥油易融化，艺僧们徒手捏塑酥油花时只能在零下十几摄氏度的阴冷房间里封闭工作。在制作过程中，艺僧手指被冻得疼痛难忍，失去触觉，但他们依然将酥油做成一朵朵精美的花朵。这些酥油花只能“存活”几个月，因为天气转暖便要融化，于是每年都要重做酥油花。因此，最后艺僧们的手指都会溃烂，且终身残疾。这些艺僧都是自愿做酥油花的，没有谁强迫他们，哪怕手指溃烂，他们也无怨无悔。这些美丽的酥油花都不是为“市场”而制作，唯一的用途就是放在寺庙里供奉神灵。没有半点功利色彩，不是因为物质生活的需要，不是迫于别人的指令，而完全是出于心灵深处的信仰，自觉自愿地奉献出自己的智慧和健康。在世俗的人看来，他们很苦，但他们自己却觉得很幸福——这就是宗教的力量！

我回到成都，写了一篇随笔，叫《创作教育的“酥油花”》，谈到对待教育有四种态度。

第一种是“应付”的态度。本来就不喜欢教书，只是因为种种原因，比如现在工作不好找，还得有一个工作才行，于是不得不教书，觉得大材小用了，心情郁闷，于是只好应付了。这样的老师谈不上敬业，能够不做就不做，能够少做就少做，“当一天和尚撞一天钟”，这真对不起自己，也对不起孩子。

第二种是“饭碗”的态度。就是把教师这个职业当饭碗。我们经常听到这样的教诲：“不要把教育当作饭碗，而应该……”其实，在我看来，把教育当饭碗无可厚非，通过本职工作谋取生活的物质基础，一点都不算耻辱。饭碗的境界不算高，但也不算低。你们看街头擦皮鞋的，天刚亮就在街边坐着了，天黑了还在擦，每双皮鞋都擦得那么认真，为什么？这是他的饭碗啊！没有谁要求他敬业，但他必须敬业，因为这是他的饭碗！如果一个老师真正把教育当饭碗，因而珍视这个饭碗，怀着敬畏之心（怕失去饭碗）对待自己的职业——认真备课，认真上课，认真批改作业，认真辅导学生……同样令人尊敬。

第三种是“事业”的态度。应该看到，确有不少教育者不满足于仅仅把教育当饭碗，而是把教育同时也当作自己的事业。所谓“把教育当事业”，我的理解至少有两个含义：第一，研究；第二，快乐。很难说擦皮鞋的师傅会把擦皮鞋当作事业来研究——当然也有，但不会多；也很难说他通过这个事业获得快乐。但有事业心的教师，面对教育的所有现象，都能够以一种研究的眼光去打量与审视，并从研究中获得更多的幸福感。

第四种是“宗教”的态度。所谓“把教育当宗教”，就是为教育的一切付出都已经超越功利，是出自内心的召唤。就像我刚才说的创作酥油花的僧人，他们不考虑任何功利，只为一种信仰。并不是每一个教育者都会把教育当宗教，我也没有。但陶行知、苏霍姆林斯基等人的确是把教育当宗教。

我们也不可能要求每一位老师都把教育当宗教，但希望一部分老师能够把教育当事业，这个不算过分。我们今天在座的立志搞新教育的老师，都是把教育当事业。新教育就是我们的事业。还有你们已经知道的许多新教育榜样教师，谁叫他们搞新教育的？没有谁。他们也不是做给别人看的，因为那是他们自己的事业，做这份事业，已经是他们的一种信念！

说到为自己的事业而工作，我想到我的年轻时代。再过一个多月，我就大学毕业三十周年了，也就是说我从教整整三十年了。回想在（二十世纪）八十年代，我一个小伙子，就是凭着自己的热情和理想投入自己的事业，这和别人没有关系，和领导更没有关系。那时我做的好多事都是自己要做的，而不是领导要我做的。比如，谁叫我搞未来班了？谁叫我让谷建芬谱班歌了？没有，都是我自己愿意。那时候，我利用假期经常带学生出去旅游，贵州、云南、重庆，到处跑，在很多人看来不理解，可我愿意啊！那时候每教完一个毕业班，我都要给他们编一本书，所谓“编”，就是我一个人刻钢板、油印。在迎接中考或高考的前夕，除了大量的复习任务，我还要在办公室一坐就是十四个小时！这使得一些好心的同事也难以理解：这“书”既不能作为申请高级职称的专著，也无助于学生高考“抓分”，何苦这么“玩命”？但我知道，这是我和我学生生命的里程碑！还有很多类似的事，别人看来是多此一举，不可思议，但我却认为是我必须做的。因为这是我的事业。我也没有发过牢骚，埋怨这个不理解，那个不支持，或者抱怨学校风气不好，社会不公，没有，我不会抱怨，因为我做自己的事，都是我自找的。我又不是为别人做，要别人“公正”干什么？你对我公正我也做，不公正我也做。

有了这样的态度，我们才可能做真正的新教育。不然，你老认为是领导要你做的，而不是你自己要做的，那就没意思了。

第二，我们为什么要搞新教育实验？难道是因为新教育很时髦吗？难道是因为“新教育”三个字很好听吗？难道是因为我和朱永新老师私人关系好吗？不，搞新教育是为了我们自己和我们的学生。

昨天我刚刚写了一篇文章，题目叫作《我想办一所没有“特色”的学校》，尖锐抨击那种为“特色”而“特色”的做法，抨击动辄大谈学校“品牌”，大谈教育“走向市场”的做法。我这样写道：“学校当然要办好，但这不是‘对外’的为了什么‘品牌’什么‘市场’，而是‘对内’的为了我们每天面对的孩子！只要孩子在学校能够享受每一个老师的爱，只要孩子能够喜欢每一堂课，并且真正获得全面发展，学校没有‘特色’没有‘品牌’没有‘市场’，又有什么关系？”我还说：“朴素比‘特色’更美丽，良心比‘品牌’更珍贵。孩子心灵和他们的未来，才是我们真正应该关注的‘市场’！这是我们的教育良知所在。”这篇文章我个人觉得写得还不错，我已经交给《中国教师报》，他们已经决定头版发表，我就是要让这篇文章产生影响。希望你们关注一下。

我们搞新教育实验同样不是为了什么“影响”“品牌”之类，我们搞新教育实验是为了提升教育质量，是为了提升孩子和我们自己的生命质量。注意，我这里是按世俗的观念，先说是“为了提升教育质量”，再说“为了提升孩子和我们自己的生命质量”。其实，本来应该说，新教育实验首先是为了提升孩子和我们自己的生命质量，其次才是提升学校教育质量。后者只是前者的附带成果。提升我们和孩子的生命质量，就是要让我们共同的生活充满诗意。现在搞了绩效工资，我不可能再给大家发钱，我们公办学校，一切靠上面拨款。但是我希望我能引导大家从教育本身寻找幸福。刚才有老师提出，如何处理好新教育实验和教学质量的关系？如何平衡两者的关系？我不太明白，怎么会觉得这两者是矛盾的？我认为，两者不矛盾呀！或者说，我们搞新教育实验，正是提升教育质量的一个途径。我可以非常负责地告诉大家，迄今为止，还没有一所学校或一个班因为搞新教育实验失败！真的。

估计有老师会认为，不能轻易拿孩子做实验，万一失败了怎么办？好，说到这里，我还想谈谈“新教育实验”这个概念。我曾经对朱老师说，“新教育实验”这个说法不太好，容易给人误解，好像新教育的理念还没有被验证过，需要通过“实验”来证明其是否是真理。但教育的对象是孩子，孩子怎么会被当作实验品呢？所以我提出，最好叫“新教育生活”。朱老师同意“新教育是一种生活”的说法，但他说，主要是从申报课题的角度提“新教育实验”。我这里要说明的是，“新教育”其实并不新，它是古今中外经过无数教育家们实践过的真理，只是被人遗忘而今又重拾起来付诸实践而已。比如，营造书香校园、让书籍滋润孩子的心灵、阅读有助于智力的提升……这些还需要实验吗？当然不需要了。所以我说，新教育实验的理念已经不需要验证了。新教育将前人的正确理念重新整合，发扬光大，便显示出“新”。所以，一点都不要担心新教育实验会失败。它就是我们所从事的教育本身，而不是教育之外的“教育”。

第三，我们学校的策略是，人人参与，榜样加底线。从学校层面，必须号召人人参与，并有一些全校性的“规定动作”，比如“每月一事”，比如“晨诵、午读、暮省”，必须要有一些氛围。但由于种种原因，每个老师的参与程度肯定有差别，我们特别要鼓励扶持一些先行者，一些志愿者，在自己班上，在自己的课堂上，比别人更用心，更深入，最后成为我们学校的“种子教师”。在座的都是“种子教师”。那天我对一位老师说：“搞新教育实验，对你来说，是一次机遇，一次成长和成功的机遇。也许你通过搞新教育，便成长起来了，由成都郊外一所小学的普通老师，成为具有区域影响乃至全国影响的名师。”

第四，回答刚才老师们的疑问。

关于评价。新教育实验当然应该有自己的评价体系，这不是我们学校一家能够完成的工程。但要有这样的信心：搞新教育，不会降低学生的学习成绩。另外，我们学校可以考虑，对做新教育的老师应该更宽容，允许老师在一定阶段出现某些不尽如人意之处。还有，我们对老师的考核，要加进鼓励新教育老师的内容，做和不做就是不一样，不只是精神不一样，待遇也不一样，年终的绩效也应该有所体现。当然，面对我们的国情，要拉开多么大的距离不太现实，但必须要有差距。

关于家长。有老师担心家长不配合，不理解，这个交给我，我亲自给家长们培训。如果哪个班的家长有什么想法，我愿意到这个班去和家长见面沟通。其实，如果孩子发生了积极的变化，家长怎么会不支持？当然，也不要理想化地企图把所有家长都转变过来，如果个别家长不支持，不要他支持就是了，只要他不反对就可以了，或者说即使他要反对，不要公开反对，那也不会影响我们的。最好的转化方式，是通过孩子去影响家长。我们要赢得孩子的兴趣，孩子支持我们，他自然会去给爸爸妈妈做工作的。

关于设备。刚才有老师谈到现在学校教室里还没有投影仪等设备，还缺书籍，等等。我们会继续向教育局争取。这个问题不只是我们学校的问题，中学也不是每个班都有背投的，还有许多设备都得慢慢来。另外，关于孩子没有课外书，我会想办法的，新教育基金会已经决定给我们学校提供一些儿童读物，捐一些书，非常好！我想，学生的课外书，千万不要强迫家长出钱买，我们的学生好多家庭比较困难，父母都是农民工。学校想办法提供。这样家长就没有话可说了。不要把设备当作新教育的困难。一些边远地区学校的老师，条件不是比我们更差吗？连复印机都没有，可人家照样做新教育！我刚参加工作时给学生编书，那时条件更差，我就手刻油印，从来没有埋怨过条件差。

关于别人做不做的问题。刚才有老师说，自己做，可别人不做，怎么办？我的观点，管别人干什么？自己做就可以了！做新教育实验，当然需要环境和氛围，但自己先做起来，先改变自己就可以了，别管别人。据我所知，敖双英、时朝莉等新教育种子教师，最初都很孤立的，学校就自己一个人做，校长和周围的人连什么叫“新教育”都不知道。这不妨碍她们自己做。后来做出成绩了，不但校长支持，周围的人也跟着做。所以，刚才钟丽老师说得真好：“改变一个算一个！”我再说说我自己。其实，我在很多年前，在宏观上就对中国教育失望了，甚至悲观绝望，我也无力改变周围，更不可能改变中国教育，但我可以改变我自己，改变我周围一些老师，这就可以了。这也是我博客上签名“一个悲观绝望的教育理想主义者”的原因。虽然“悲观绝望”，但依然有“理想主义”，这个“理想”，就是从自己做起，能够改变多少算多少。

还有老师谈到新教育的课程呀，教材呀，等等，这些都不可能有现成的，需要我们自己去探索，去创新。新教育实验，是一个开放的项目，没有人可以垄断对新教育的解释，每一个新教育人都有解释权，用实践去解释。没有人可以说自己所搞的才是新教育实验的唯一模式，每个人都可以用自己的实践丰富新教育的内涵。理念是统一的，但呈现方式是多元的。这就是新教育实验。

搞新教育实验，刚开始肯定会觉得比过去多一些事，有老师会觉得累，但这是我们自己的追求。我认为，重要的不是事情多还是不多，而是做这些事是无效劳动还是有效劳动。我们要尽量减少无效劳动，让老师的精力用在值得用的事情上。比如，要求老师们读了书必须写读后感，我觉得就没有必要。有老师自愿写那是另外一回事，但学校不应该强迫。只要老师读了就可以了，勾勾画画，简单批注，都可以。与其写读后感，还不如让老师们写教育故事。对了，在座的老师可以开博客，将你们在搞新教育实验过程中的点点滴滴感受，包括点滴的成果和疑惑都写下来。还有故事，也写下来。我给你们看，如果行，我就给你们推荐出去发表。写得不好不要紧，有我嘛！我帮你们改。我非常愿意当你们的秘书。你即使文字再不好，我有“化腐朽为神奇”的能力！（大家笑了）哈哈！不过，你们的文字并不是“腐朽”，也是“神奇”，那我就有“化神奇为更神奇”的能力。我还想，如果可能，我找一家杂志，开辟一个专栏，专门是我点评你们的教育故事。只要你们能够写出故事，我就可以给你们发表。我就是要让你们即时体验成就感。

我表个态，我们学校的经费确实紧张，但只要是搞新教育，我们一定舍得投入经费。比如，如果可能，以后我们可以轮流派老师去优秀的新教育榜样教师的班上体验一周，看看这些老师是如何在日常生活中渗透新教育的。以后大家搞得好，我们还可以组织起来去全国各地新教育样板学校参观学习！如果我们做出了成果，我请朱永新老师来我们学校检阅我们的新教育成果！（老师们情不自禁鼓起掌来）

我说话很直，但我是把心掏给大家了，能够得到大家的掌声，我很感动。

2011 年 11 月 30 日

把新教育实验当作自己的生活方式和成长方式

听课，和老师谈心，到班上去和孩子谈心，开会……忙了整整一天。下午，我校小学部召开了新教育实验阶段性交流会。各年级从事新教育的老师展示了几个月来的成果和下一步的打算。最后我做了一个发言。晚上回到家里，根据记忆整理成如下文字——

本来今天坐在我这个位置的应该是朱永新老师。因为我原本打算在他这次来成都期间请他到我校来看望大家并听取汇报的，但他在成都的行程实在太紧张，所以无法前来我校。不过，下次一定还有机会让朱老师来我们学校的。

听了大家的交流，我很高兴，我想如果朱老师在场，他也会很欣慰的。我用“四有”来概括我对老师们几个月来搞新教育的印象。

第一是有行动。虽然我们是从上学期才开始做的，但大家毕竟实实在在行动起来了。新教育有一句话，只要行动，就有收获。短短几个月，我们也印证了这句话。我们的收获还不能说很大，但确实是有的。我相信，如果继续下去，我们还会有收获。第二是有创新。我注意到，刚才老师们在交流时所谈到的具体做法，既有学习别人的现成经验，也有不少自己的创新。我们的学校有自己的特点，我们的学生也有一定的特殊性，根据这些情况创造性地实践新教育，这是需要的，甚至是必需的。这就是为“石头汤”贡献出我们的美味。第三是有成果。从大家展示的读写绘、晨诵诗、读后感，还有手抄报等等，以及各种实物中，我们都能感到新教育初步的成果。尽管还微不足道，但和几个月前相比，也可称得上“累累”了。第四是有理想。有行动，有创新，有成果，就充分证明了老师们有理想，有追求。没有理想，老师们不可能做这一切。现在“理想”基本上是一个贬义词了，但在我们这里，理想不是空想，而是有目的的行动。我相信老师们能够执着于自己的理想坚持下去的。

我还想就新教育实验给老师们谈三点——

第一，新教育实质上是给孩子一个充满诗意的童年，让学生懂得并学会抒情。最近有一篇文章，我博客上转载了，叫《论抒情之九死一生》，这是我近年来读过的最好的一篇文章。这篇文章谈到，因为精神的失落，因为理想的幻灭，因为理性的强大，因为物质的膨胀，现在的人已经不会抒情也无情可抒了。现在恋人之间还写情书吗？没有了！现在连逢年过节通过手机短信表达祝福，都不愿意自己写，而千篇一律地复制然后群发。比如去年五一，我就收到许多朋友发来同样的短信，什么“送你五个一”之类。今年春节，又收到一些朋友发来祝福龙年的手机短信，同样雷同，什么“龙马精神，龙腾虎跃，飞龙在天”等等带“龙”字成语的堆砌，就差“老态龙钟”了。这些手机短信也许编得巧妙，编得幽默，但不是你自己的感情，和你有什么关系！你们看，当代人的确已经不会抒情了，也不愿抒情了。这标志着，作为人的丰富多彩而且细腻柔软的心灵世界正在渐渐远离我们，我们正在向诗情画意告别。而新教育正是要给孩子一个饱满的、充盈的情感世界，让他们的童年和诗相伴，让他们懂得并学会抒情！那天朱老师做报告说了一句话，他说：“新教育即使其他事情不做，就算把书香校园做好了，也了不起！”真是这样的。我们做新教育，无非就是培养具有书卷气的人。现在一年级的孩子，六年后上了中学，不管他是在武侯实验中学，还是棕北中学，或是其他什么中学，与他班上其他小学毕业的孩子比，他的视野要开阔一些，他就是比别人更敏锐，更容易感动，更容易心潮起伏，这就是我们所说具有丰富精神世界的完整的人。因为他小学曾经享受过新教育生活。

第二，把新教育当作自己的生活方式和成长方式。这话的意思是，我们做新教育，不仅仅是给孩子一种诗意生活，而首先是给我们自己一种诗意生活。我们不但要通过新教育给孩子以积极的影响和改变，而且还要追求对我们自己有什么影响和改变。也就是说，新教育首先应该改变我们。我来这里做校长，究竟给老师们带来了什么？有老师会说，带来了更多的事儿，带来了更多的压力。好，如果真是这样，就对了！现在的事情应该比过去多了，因为新教育显然有很多以前没做过的事需要我们去做，但这是我们自己的需要，而不应该是别人的强迫。做这些累不累？关键要看心态。因为紧张，所以充实。每天的忙碌，就是成长的过程。不过，我建议大家把这过程随时记录下来。要大家像我一样每天写博客，可能不太现实。大家知道吗？我现在每天都更新博客的，因为养成了习惯。要你们也这样，我估计好多老师做不到，但是写微博可以吧！每天就写140个字，记录自己做新教育的点点滴滴，一年下来，就是五万字啊！朱老师够忙的吧，可他天天写微博，而且还不止写一条。大家可以去看看。我这里点开给大家看。你们看，朱老师每天早晨还晨读呢！写微博，老师们完全做得到。记录自己的成长，本身就是一种成长方式。

第三，继续有创造性地做新教育。我们还要继续学习常丽华老师、敖双英老师，但同时还要继续创造性地搞新教育，包括开发新的新教育课程。其实，开发新的课程并不神秘。大家想想，我们成都也是一片充满诗歌的土地，在我们脚下，千百年来留下过多少诗人的脚印？李白、杜甫，还有现代的郭沫若、流沙河，等等，如果我们以“成都诗歌”为线索让孩子们读诗，这不又是一门本土课程吗？刚才还有老师谈到，我们学校是武侯实验中学附属小学，那么给孩子们开发一门有关武侯文化的课，不也是一种创新吗？还有影响家长的途径、培养口才的方式，等等，都可以开发出新的课程。又比如，教孩子写一句诗，也可以是一门课程。其实好多诗都是一句奇特的比喻。一个新颖的比喻或拟人，一个奇特的想象，写下来就是诗嘛！泰戈尔的好多诗就是这样的：“鸟翼系上了黄金，就再也不能飞翔了。”“鸟儿愿为一朵云，云儿愿为一只鸟。”“根是地下的枝，枝是空中的根。”还有：“不是槌的打击，乃是水的载歌载舞，让鹅卵石臻于完美。”这样的诗，完全可以教学生写。

新教育刚刚开始，但一定能促进大家的成长。我期待着，并坚信，我们学校的名师将出自在座各位当中。我会不遗余力地给大家搭建平台，比如发表文章啊，安排讲学啊，等等。我会一直关注着老师们，祝福大家！谢谢！

2012年2月15日

幸福比优秀更重要

常常听年轻老师给我诉说，刚参加工作便“热情冷却”“理想碰壁”，问我如何才能“坚守教育信念”，如何才能“成为优秀教师”。

我总是这样回答：“坚守教育信念是对的，但目的不是为了什么优秀，而是自己的快乐。别在意优秀不优秀，要在乎你自己每天是否幸福。因为幸福比优秀更重要！”

也许有人会不以为然：“您现在是著名教育专家，名也有了，利也有了，却叫我们‘别在意优秀不优秀’，站着说话不腰疼！”

我想到我的八十年代，那时候我是一个刚大学毕业走上讲台的年轻人，除了激情一无所有。那时候，我初生牛犊不怕虎，没学会走就直接跑，当然也有无知导致的无畏，于是语文教改有声有色，于是班主任工作有滋有味，于是也引发无数争议，但我不管，每天都乐呵呵的，用比较文艺的说法，叫“意气风发”；我每个星期天、每个寒暑假都和孩子们泡在一起，在小溪里捉鱼，在岷江边戏水，让风筝在海洋般的蓝天上优雅而自信地写诗，让歌声在似乎走不到尽头的原始森林中激荡我们肆无忌惮的青春……而这一切，几乎都受到非议，但我不管，开心就行！有时候领导批评我，我也不觉得委屈，因为这一切都是我“自找”的。什么“中高”，什么“特级”，不给我评没关系！没有什么比拥有一颗自由而幸福的心更重要的了。一直到2003年评上四川省中学特级教师之前，我几乎没有什么“拿得出手”的荣誉。但我真的很坦然——幸福比优秀更重要！这里的“优秀”特指有些“荣誉称号”。

身被名缚，哪来自由？心为形役，何言幸福？何况现在评优选先有很多水分、很多人情因素，托关系，走后门，搞勾兑，拉选票……很累的。就算“优秀”了，幸福却失去了。

当然，年轻时的我也不是不追求优秀，但我更追求自己认可的优秀。这里的“优秀”就是我自己给自己拟定的“好老师标准”——课上得好，班带得好，分考得好。只要做到了这三好，家长信任我，学生依恋我，我就有了安身立命之本，我就“万事不求人”。我因此也就拥有了行动的潇洒和心灵的自由，除了忠实于自己的良知，我不用看任何人脸色行事，更不会患得患失，斤斤计较。

一次和我校一位年轻老师谈心，我说：“作为普通教师，通过自己卓有成效的工作赢得世俗的名利——‘优秀’呀，‘先进’呀，‘学科带头人’呀，‘特级教师’呀，我们理应感到自豪，因为这是我们价值的标志之一。但是，由于种种原因，可能这些‘优秀’你都没有，也不要紧：我不‘优秀’，但我很幸福啊！这也就够了。”

我现在越来越坚定地认为，一个教师，是否“优秀”不是最重要，是否“卓越”更无关紧要，最最关键的是，是否“幸福”。

所谓“优秀”，至少有两个含义：一是指我们做的比别人相对出色一些的工作；二是指我们获得的各种荣誉称号。不管是在哪个意义上使用“优秀”这个概念，我都认为幸福比“优秀”更重要。

如果是在第一个层面说“优秀”，那么我们总要和别人比较，因为“优秀”总是相对而言；因为比较（攀比），我们求胜心切，我们精益求精，我们永不满足，我们“欲壑难填”……当然，从积极意义上看，这正是我们有上进心的表现，“永争第一”嘛！但同时，在这比较的过程中，我们渐渐失去了从容自如的心态，失去了“慢教育”的智慧，也失去了教育的优雅与情趣，甚至我们潜在的或者说沉睡的功利心渐渐苏醒，让我们备受折磨，于是，教育的幸福也不知不觉远离我们而去。

如果是在第二个层面说“优秀”，那么我们免不了要关注教育以外的人和事，因为“优秀”不能自己说了算，总得要人家来评比和选举。也许你的工作的确比别人做得好，去年高考你也“培养”（其实，哪是你一个人培养的啊）了一个县“状元”，于是你自认为优秀，可这次学校却只有一个“优秀”的名额，而还有比你更优秀的——和你同一教研组的一个同事今年还“培养”了一个市“状元”呢！于是，这“优秀”的桂冠便落到了他的头上。你想“优秀”也不能。何况，如果你所在的学校风气不那么正，即使你的工作和成果的确出类拔萃，可是你不善于搞庸俗的人际关系，更不善于和领导拉关系，那无论是群众投票，还是领导推荐，人家就是不让你“优秀”！

想“优秀”而不得，怎么办？我的回答是，那就别管什么“优秀”不“优秀”啦，还是追求纯粹的教育幸福吧！因为——

优秀与否是别人的评价，幸福与否是自己的感觉。

幸福，源于心态；不幸福，也源于心态。我曾给年轻的老师们评论过网上流传的一些段子，比如：“一等教师是领导，吃喝玩乐到处跑。二等教师管后勤，轻轻松松维持人。三等教师体音美，上班还能喝茶水。四等教师史地生，周末还能去踏青。五等教师语数外，比比看谁死得快。六等教师班主任，累死讲台无人问。”我说，这些段子初看觉得很解气、很痛快，“终于有人为我们鸣不平了”，但实际上这些段子大多似是而非，夸大其词，不但不能减轻自己的郁闷，反而会增加自己的痛苦。而且段子中的“教师”也完全可以置换成“医生”“警察”等。不要老觉得自己最不幸，不要老觉得自己遇到的最不公平。放眼这个社会，这个国家，更多的人比我们更苦更累。我经常对老师们说：“如果我们对自己的职业不满意，其实只有两种选择：要么改变职业，要么改变职业心态！”

我不是主张面对不公、不平逆来顺受，不，如果我们的权益与尊严受到了侵犯，我们完全可以也应该依法维护自己的权益与尊严。问题是，由于种种原因，很多时候事情并不那么简单，也不是所有的“不公平”都达到了法律的高度，而且种种不公也不可能在一个早晨彻底消失。那怎么办呢？还是得调整心态，从容应对。何况，很多时候缠绕我们的不过是一些琐碎的烦恼，完全可以一拂了之。李白有一句诗：“空长灭征鸟，水阔无还舟。”不是天空没有飞鸟，而是晴空万里，辽阔无边，一两只鸟简直微不足道；不是水面没有船只，而是烟波浩渺，水天一色，一两只船也就微乎其微了。这是胸襟，也是心态。某种意义上说，拥有了好心态，便拥有了幸福。

我所在的成都市武侯实验中学有很多这样幸福的老师。比如邹显慧老师，几十年来就是踏踏实实地上好每一堂物理课，认认真真地带好每一个班集体，直到快退休才评上高级职称，可是她很幸福，因为面对学习基础和行为习惯都不甚理想的学生，她却取得了让人敬佩的教育成果；更重要的是，一届又一届的学生爱她。有一年教师节，邹老师班的三个男生天没亮就起来，为他们敬爱的邹老师熬鱼汤，上学的时候三个男孩子小心翼翼将热腾腾的鱼汤送到学校，放到邹老师的办公桌上。邹老师非常感动。中午，她把鱼汤热了之后又端到教室里去，让每一个孩子都品尝这份鲜美，分享这份情感！邹老师没有什么“拿得出手”的荣誉称号和“优秀”证书，但是她从不为此烦恼，反而随时都乐呵呵的，因为她幸福。

南京市芳草园小学的郭文红老师也是一位幸福而不“优秀”的老师——如果“优秀”仅仅体现在各种荣誉证书上的话。郭老师长期担任小学高段的教学，也就是说，她带班往往就一年或最多两年。可是，哪怕是只教学生一年，孩子们都能对郭老师产生依依不舍的情感。有一年，又一届孩子要毕业了，郭老师带着他们最后一次春游。在路上，孩子们想到不久就要离开郭老师了，他们决定给郭老师亲手做一件礼物。说干就干，他们用随身带的糖果、果冻、巧克力等小零食在草地上摆弄起来。过了一会儿，一件特殊的礼物做成了。孩子们把郭老师请到礼物前，郭老师睁开眼睛便热泪盈眶，原来草地上摆了四个大字：“精忠报郭”。孩子们用这种方式向郭老师表达着他们的爱。一个曾经让郭老师操碎心的“后进生”，毕业时来给郭老师告别，说：“郭老师，我们走了以后，你千万千万不要教下一个年级的三班啊！”郭老师问：“为什么呀?”这男孩认真地说：“因为那个班的学生呀，个个比我还坏!”一位男孩回家对妈妈说：“妈妈，我不想毕业!”妈妈问他为什么，男孩回答：“我不想离开郭老师!”一位女孩对在省教育厅工作的爸爸说：“爸爸，你把郭老师调到中学工作吧！那样郭老师就可以继续教我了!”……孩子们的想法很天真，说法很幼稚，但感情很纯洁。拥有这样纯洁的感情，郭老师因此幸福。

应该说，在一个风清气正的环境里，教师的优秀和幸福并不矛盾，二者完全可以和谐统一。领导正直，同事善良，评价科学，程序公正，幸福的老师怎么可能不优秀呢？于是，因为自己突出的业绩，各种荣誉纷至沓来。这时，我们也不用刻意推辞，完全可以坦然而无愧地接受，因为这是教育给我们的馈赠。只是我们把这份馈赠仅当作意外的收获，因为我们从来就不是冲着这些荣誉而工作的。没有这些荣誉，我们也不会有丝毫的懈怠，因为教育关系着我们自身的幸福。

“优秀”教师是有限的，而且往往和机遇甚至人际关系有关；但幸福的教师有千千万万，而且就在我们身边，甚至就是我们自己。

2014 年 4 月 2 日修订充实

为什么要搞新教育实验？

今天我校附小举行新教育实验第二届研讨会。本来我在开政协会，没打算回学校参加研讨会的，但上午还是请了假回到附小。副校长谢华老师要我在会上给大家说几句，我说那就说几句吧。

下面是我的发言——

会前我问我校副校长谢华老师："这次发给各兄弟学校的研讨会通知，是以教育局的名义发的，还是以我们学校的名义发的？"他说："因为时间紧，来不及通过教育局了，所以是以我们学校的名义发的。"

我非常感动。在没有任何行政指令的情况下，来了这么多学校的校长和老师，还来了不少家长朋友。这是谢华老师的魅力吗？不是。是我李某人的吸引力吗？也不是。是新教育实验的凝聚力！

为什么要搞新教育实验？回答这个问题之前先得问问，为什么要搞教育？在这个最根本的问题上，不知何时起我们似乎迷失了方向。经常有这样的教育活动或会议通知，开头都写"为了贯彻落实××总书记（或××总理）在最近……会议上的指示，我们特……"，或者"××总书记在十八大报告中深刻指出……，为了落实……我们特……"。当然，现在发类似的通知估计多半要贴上"中国梦"的标签。可是我要问，我们的教育是为这些领导人吗？难道他们不发话，我们就不知道怎样做教育了吗？

我多次说到台湾作家张晓风的一段话。张晓风一次送儿子上学，看着儿子渐行渐远的背影，她感慨万千。回到家中写下一篇文章《我交给你们一个孩子》，她这样写道："今天清晨，我交给你一个欢欣诚实又颖悟的小男孩，多年以后，你将还我一个怎样的青年？"回答千千万万母亲这样的问题，才是我们教育的目的。也就是说，我们的教育就是为了千千万万的家长和他们的孩子。

搞新教育的目的也是这样。不是教育局发文件我们才搞，不是因为朱永新老师我们才搞，不是因为我李某人才搞，也不是为了学校“彰显特色”“打造品牌”“提升形象”“扩大影响”……才搞新教育，也不是为了什么国家级课题才搞新教育。我们搞新教育，就是为了我们孩子的快乐，我们教师自己的幸福，因为新教育的宗旨就是追求过一种幸福完整的教育生活。

所以新教育实验重在自愿。新教育实验在武侯区已经有几年了，一直平稳而执着地推进着。我一直强调，做新教育一定要心甘情愿，千万不要有半点勉强。本来也有人曾经建议通过教育局发文，号召各学校做新教育，但我不同意：如果因为应付而参加新教育，不可能真心去做，也不可能长久去做，那就没意思了。所以，今天前来的校长们都是新教育真诚的信奉者。据我所知，李维校长的马家河小学，一直在默默地做着新教育，不求宣传，只求实效。还有金艳校长的机头小学做新教育也做了好多年，也是很踏实的。今天，浓雾弥漫，寒气袭人，但我们聚集在这间屋子，共话新教育，这就是“尺码相同”。

所以新教育实验重在实践。刚才我校吴霞老师对我校新教育实验做了总结汇报。应该说，她所说的都是真实的，的确是我校这两年走过的实实在在的路。不过，我觉得只听汇报还不说明什么，关键是要看课堂，看教室，看孩子。也不只是看今天，而要看每一天普通日子里老师和孩子的生活。说实话，只要是研讨会，任何一个学校都可以做一个非常精彩的总结汇报。但关键还是在平时的实践。新教育不是说出来的，而是做出来的。不在于外在的炒作，而在于内在的行动。本来在今天的国际论坛上，武侯区要挂新教育实验区的牌子的，因为张局长在国外这事就放下了，准备明年年会授牌。但我认为挂不挂牌不重要，重要的是我们在做。就像武侯实验中学做新教育做了好几年了，可至今没有挂新教育实验学校的牌子。那不重要，因为新教育重在实践。

所以新教育重在成长。新教育的成果当然也体现在各种数据、各种指标上，但我认为最重要的成果是孩子的成长和教师的成长。孩子是不是快乐？教师是不是幸福？这是检验新教育实验的一个重要指标。刚才在做早操时，我在操场边拍照。我主要是给老师们拍，因为老师们的精神状态太让我感动了。前段时间我在外面，在北京，在广东，听到了很多事，回到校园看到老师们单纯的笑容，我真的很感动。我就想，还是小学老师单纯的教育生活好啊！当然小学老师也有压力，但相对来说要单纯得多。新教育实验就是要提升教师的幸福感。我们特别看重教师的成长故事，一个学校的文化就体现在这些故事中。

所以新教育实验重在朴素。最近几年我写文章抨击教育的浮华、喧嚣，有人不高兴，但我依然坚持我的观点——教育，朴素最美。教育本来就是朴素的。最近，我在广东给雷夫解释素质教育，我说“素质教育就是教育”，因为所谓素质教育所提倡的，都是教育本来应该有的内涵，只是我们的“教育”越来越远离教育，于是为了强调教育的应有内容，我们提出了素质教育这个概念。其实，“素质教育”这个词是多余的，同样，从某种意义上说，“新教育”这个词也是多余的。新教育的所有主张，都是教育本来应该有的。将来有一天，我们不再说素质教育，也不再说新教育，所有的这样“教育”那样“教育”都回归到教育，中国教育就成功了。

核心问题是：我们要把怎样的时光留给孩子们未来的记忆？这同时也是我们教师自己的记忆。

谢谢大家！

2013 年 12 月 31 日

一个学校究竟怎样才算是在真做新教育?

2017 年 2 月 27 日，我和新教育研究院常务副院长陈东强一行前往北川，考察了该县的新教育实验，就 4 月 15 日在北川举行全国新教育实验区工作会相关的筹备事宜与北川县教育局领导进行沟通与协商。

北川和新教育实验有一种可歌可泣的悲壮渊源。朱永新老师在其《过一种幸福完整的教育生活——朱永新教育讲演录》的序言中写道——

“写作这篇序文的时候，我们新教育实验团队的骨干成员，正在汶川大地震后建立的‘八一’帐篷小学，用新教育实验倡导的心灵的教育、爱的教育、生命的教育，抚慰劫后余生的学童们的心灵。我们的团队赶赴灾区后，很快就与北川教师进修学校校长徐正富走到了一起。讲到了自己眼睁睁看着学生向自己求救并死在自己面前，自己却无能为力时，一向乐观健谈的徐正富，一次次流出揪心的泪水。他说，北川几所学校损失惨重，而北川很多很多教师仍然坚守岗位呵护学生，他们中许多人丧失了亲人。记者来采访，上级部门要求写事迹材料，没有人愿意写，因为整个教师群体都是好样的。听到这些，我再一次明白，在洁净的心灵面前，语言是黯淡的。讲演者需要训练的是技巧，是思想，是行动，然而大声音必定诚实，离开了爱人、爱世界的心灵，再高技巧的演讲，也会蜕变成缺乏人性的煽动。汶川大地震前一周，北川县教育局局长尚勇带着包括徐正富在内的 21 位校长，去了我们在翔宇教育集团的实验基地，观摩了我们的新教育小学，并且决定在北川这个民族自治县，全面推行新教育实验。他们原定是 5 月 12 日在我们新教育小学的开放周来的，但是由于一些原因，他们提前一周来了。没有想到，就是在 12 日这一天，壮志未酬的尚局长永远离开了我们。徐正富说，大地震过后，尚勇局长的妻子一个灾民区一个灾民区地寻找自己其实已经遇难的丈夫。”

因此，我们这次到北川，是怀着一种特殊的情感去的。昨天我们到达北川已经是中午，午饭后，我们走进了北川有代表性的五所新教育实验学校：永昌小学、擂鼓小学、永安小学、安昌幼儿园、安昌小学。这些学校的新教育做得很扎实，而且各有亮点。尤其是小学的孩子们和幼儿园的小朋友们那天真无邪的笑脸，极富感染力，给我留下了深刻的印象。校长们、老师们真诚地说，八年了，大地震之后的北川教育，就是北川新教育实验的历程。北川新教育人把今年4月15日的全国新教育区域工作会主题确定为：新北川，新生命，新教育。

今天上午，我们参观了北川中学。这是一所曾让全国人民心疼、焦灼、牵挂与感动的学校。浴火重生的北川中学在今天已经成为一所崭新的洋溢着教育活力的学校，教学质量飞跃提升，2016年该校考上清华、北大的学生达六名。今年4月的新教育实验区工作会将在北川中学举行，他们正在紧张有序地做着各项准备工作。

从北川中学出来，我们和北川教育局傅广文副局长、北川教师培训中心主任徐在富以及参加展示的几所学校校长，在北川教师培训中心二楼会议室开座谈会，商讨会议议程以及相关的准备事宜。

会前，先后担任过陈家坝中学和擂鼓八一中学校长、现任北川教师发展中心副主任的刘应琼老师，拿来两本我的著作《做最好的班主任》《幸福比优秀更重要》给我看。她说她多年来喜欢读我的书，在《做最好的班主任》一书中，不但有她看了之后的圈点批注，还有她借给其他老师读过后的勾画。去年她将我的《幸福比优秀更重要》一书买来发给全校老师，人手一册。我很想收藏那本有许多老师阅读笔迹的《做最好的班主任》，但她舍不得，我不好勉强。她请我在两本书上签名，但我不敢轻易写什么，因为我特别敬仰她。在大地震期间，她曾承受着巨大的悲痛，顶着余震的危险，冒着滂沱大雨，率领学校幸存的孩子们手牵着手，徒步翻山越岭、日夜兼程向安全地带转移。她的事迹已经被收入教育部编写的《热血师魂》一书。我很想听她讲讲自己不平凡的经历和故事，但我没问，我知道这是她心中永远的不想触摸的伤痕。于是，我分别在两本书的扉页上写道：“您是抗震英雄，是我心目中的女神！向您致敬！”“让我们一起追求朴素而幸福的真教育！”

会上，各位都谈了他们对准备工作的想法，最后让我说几句。我也就很坦率地说了我的一些想法。下面是我的发言——

我首先向北川的新教育人表示敬意！你们在经历了大灾难后重建北川，新教育恰恰伴随着你们的教育重建，或者说，新教育实验推动了北川教育的复苏与振兴，因此，你们把这次工作会的主题确定为“新北川，新教育，新生命”，我认为这是非常恰当的。我相信，全国所有新教育同仁对北川的教育者都怀有一份特殊的敬意。

对这次工作会的筹备，我这里想提几条建议，供你们参考——

第一，突出理念。这是一次关于教育的盛会，但又不是一般的“教育”盛会，而是“新教育”盛会，因此在所有展示中，都应该突出新教育的理念。各新教育实验学校在展示自己学校的成果时，不宜面面俱到，而应该突出新教育成果。如果什么都展示——学校管理、校园文化、社团活动、课堂教学等等，那和接受综合督导有什么区别呢？常常有一些学校，同样的内容，开素质教育现场会拿出来展示，开九年义务教育成果验收会拿出来展示，开陶行知教育思想研讨会，也拿出来展示……以不变应万变，这就有些假。我希望在新教育实验的展示活动中，没有这个弊端，而是真正突出新教育的理念及其实践。

我希望这次无论报告还是叙事，所有的讲述都应该指向人的心灵，指向人的生命，因为这次的主题是“新北川，新教育，新生命”。这个“新生命”至少有双重的含义，一是北川人浴火重生后焕发出的勃勃生机，二是北川教育人包括孩子通过新教育所获得的精神成长。当然，从新教育的视角看，这里的“生命”主要指的是精神生命。生命的滋润、生命的唤醒、生命的绽放、生命的拔节……不管是书香校园，还是完美教室，或是卓越课程，如果我们的讲述能够体现新教育在北川滋润心灵，点燃生命，促进教师、孩子及其父母的精神成长，就切合了主题。

第二，凸显重点。每个展示学校值得展示的新教育实践和成果都很多，但不要面面俱到。如果面面俱到，不但时间不够，而且所有学校必然雷同。因此我建议每个学校都要有一个重点，一个聚焦。把你做得最好的一点凸显出来。比如，安昌小学的家校合作就非常好。昨天我们在学校参观时，看到校园里有许多戴着红袖套的值周“老师”，一问才知道是学生家长，他们参与学校管理。又比如，安昌幼儿园的幼儿阅读，他们让孩子读童书，但这里的“读”不是识字教学，而是把阅读同幼儿的生活融合在了一起。孩子们在读童书，也是在游戏，在制作，在创造，在生活……多好啊！还有永昌小学的生命安全体验馆，也非常好。把这些展示出来，其他简单带过，就很好了。

第三，追求真实。新教育首先是真教育，不应该有一丝虚假。现在的教育很多时候很浮夸，做了一分却吹成十分。在新教育实验学校，如果某项行动暂时还没做，或者做得还不好，就别说；一旦拿出来的，就绝对是实实在在做了的。还有，展示的过程也应该自然，尽可能呈现原生态的东西。我曾经到一些学校去，他们展示书香校园，在教学走廊上的书吧里，有一排坐得很整齐的孩子很标准地捧着书在读，一看就是学校安排的“群众演员”，用以“烘托背景”的。我还曾经在一个学校遇到这样的事，我每到一处，包括一些角落，都“很自然”地会遇到一些孩子在吹长笛，在弹钢琴，或吟诵古诗，或跳舞，这明显是做给我看的。走过一间教室，陪同的学校领导说：“李老师，随便进去看看吧！”其实我很不愿意随便进去打搅孩子们上课的，但不得不进去。一推开门，孩子们马上齐刷刷地站起来说：“欢迎领导！”然后开始表演“课堂讨论”。太假了！甚至还遇到过这样的情况，一群身着舞蹈服的女孩在寒风中等待领导前来观看，领导一来，老师马上指挥孩子“跳起来”“脸上笑起来”，孩子们乖乖地跳了起来，刚比画了几个动作，领导走了——他不可能老站在那里看啊，老师便对跳了一半的孩子说：“好了，回去吧！”这是对孩子极大的不尊重！我希望在新教育实验学校的展示中，杜绝这种现象。

第四，注意细节。代表们到学校参观，是自由的，因而也是“无孔不入”的。学校环境的细节尤为重要。学校的新教育标志应该上墙，但只要这些标志没坏不必刻意刷新，否则会给人不真实的感觉。包括教学楼里的图书角之类，旧的就让它旧吧，只要没坏就行。如果你为了这次开会而换成新的，反而很假。这也是细节。当然，学校建筑，包括墙面，如果的确有损坏，那当然应该翻新。还有，学校是文化场所，墙上的错字、病句应该消除，这也是细节。我昨天看到一个学校的教学楼上有一行大字：“习惯成就终生”，我就想，“终生”是一个中性的客观的词，表示人一辈子所经历的时段，成不成就都有终生的。可以说“习惯成就未来”或“习惯成就人生”，因为在这里“未来”或“人生”约定俗成都有特定含义，即“美好的未来或人生”，而“终生”没有这个含义。当然，我这是随便举的例子，因为北川是一个文化底蕴很深厚的地方，学校最好不出现这些瑕疵。

另外我还想借这个机会说一说，一个学校究竟怎样才算是在真做新教育，或者说，一个学校的新教育实验应该有哪些起码的标志。最近，新教育研究院正在弄新教育学校标准，我还没看到初稿。我这里说的纯属我自己的个人看法。我想，一个学校如果真搞新教育，是不是得有这样几个标志——

第一，书香校园。搞书香校园当然不是新教育所独有的行动，因为许多非新教育学校也在做书香校园。但新教育的书香校园有自己独特的东西，比如新教育阅读研究所开发了一系列推荐书目，从幼儿到高中生，从学生到教师，等等，都有推荐书目；另外，新教育的阅读还有自己独有的形式，比如晨诵、午读，比如儿童阶梯阅读，比如听读绘说，等等。说到晨诵，有些校长对我说，我们天天都在搞晨诵，而且早就搞了，因为我们有早读课，我们还每天背诵《弟子规》等。我说那不是我们新教育所说的晨诵，新教育的晨诵并非是背古诗，也不是一般意义上的早读课，而是吟诵富有儿童情趣的歌谣、儿歌、现代诗以及短小的古诗等等，目的不是背诵，而是用诗歌开启孩子新的一天……所以，只有具有新教育元素的书香校园才叫“新教育”。其他学校当然可以做自己的书香校园，也不一定非采用新教育书目和阅读形式，但你不要说你是在搞新教育。

第二，完美教室。缔造完美教室是新教育最重要的行动，这一行动将新教育几乎所有的元素浓缩在一个班里，呈现在一间教室里。许多新教育教师的成长已经证明，即使学校没有搞新教育，周围没有任何人搞新教育，只要你拥有了一个班一间教室，那么孤身一人照样可以搞新教育，而且有滋有味，同样会有成果。但完美教室绝不只是在教室门口钉一个牌子，上面写着“雏鹰班”“新芽班”之类，然后还有班徽、班训、班级口号等等。完美教室要有这些标志，但这不是最主要的，因为人家没有搞新教育的学校也有这些，那叫班级文化建设。完美教室最重要的是内涵，是班级课程、班级制度、班级活动，是共同的精神成长，是共同的生命叙事……一个个完美教室，是一所新教育实验学校最明亮的风景。

第三，家校合作。无论怎么说家庭教育的重要性都不过分。我曾经说过——我至今依然坚持这个有人反对的观点：学校教育非常重要，但无论多么重要，都只是家庭教育的重要补充。一个孩子的成才主要得益于其父母良好的家庭教育。比如我们看到一个孩子有礼貌，我们首先会想他的父母是谁，把孩子教得这么有教养，而不会想这孩子是哪个学校的，他的班主任是谁。新教育特别注重家校合作，把孩子父母也纳入了新教育共同体，所谓“过一种幸福完整的教育生活”也包括孩子的父母。我们提倡的亲子阅读，主张共同成长。我们有新父母研究所，研究所的所长孙云晓最近提出了新家庭教育宣言，阐述了新的家庭观、新的儿童观、新的教育观、新的文化观。今年七月的南京年会，主题便是“家校合作共建”。所以，新教育实验学校一定要有家校合作的实践与成果。

第四，卓越课程。新教育不只是理念，如果只是理念那无论多么先进多么美好，都是空洞的。理念必须变成课程才有生命力。新教育的课程当然是指国家统一课程以外的课程。我们将其命名为“卓越课程”，不是这些课程有多么卓越，而是这些课程都是为儿童最终走向卓越而准备的。新教育的卓越课程既有所有新教育学校共有的，比如“晨诵、午读、暮省”，比如生命叙事剧课程，等等，也有各学校自己开发的，甚至包括完美教室的班主任开发的班本课程。成都市武侯区三河小学是一所农村小学，但他们开发了风筝课程，不只是教学生如何制作风筝，还围绕风筝学习“风筝文化”，比如风筝的起源、风筝飞翔的物理原理、古代吟诵风筝的诗等等。一个老师的兴趣爱好，或者其他独有的资源，都可能成为开发课程的资源。没有卓越课程，就不叫新教育实验学校。

第五，理想课堂。课堂是教育的主阵地，当然也就是新教育的主阵地。不要把新教育理解为课外活动，不，新教育理念同样应该进入课堂教学。我们早就提出了理想课堂的三重境界，但这三重境界如何体现于每一门学科教学和每一堂课，则需要学校的探索。理想课堂，就是好的课堂。我对所谓好的课堂还有一个非常通俗的解说，就是有趣、有效。有趣，就是能吸引学生，让学习迷上你的课，每天都盼着上你的课；有效，就是学生有所得，他在知识上、能力上、情感上、思想上、人格上……都有收获。如何做到有趣、有效？则靠每一位教师富有个性的创造性教学实践。新教育的学校一定要有高水平的稳定的教学质量。成都红牌楼小学原校长黄成凤对我说，没搞新教育实验之前，红牌楼小学的教学成绩一般，但自从搞了新教育实验，每次区里的调研考试都名列前茅，去年还是第一名。我不太赞成说“新教育实验有助于教学质量的提高”，或者说“新教育实验能够促进高考、中考成绩的提升”，因为许多不搞新教育的学校，人家的教学质量一样很高。海门没搞新教育之前，高考水平就很高，整个南通高考都很厉害。但海门搞了新教育十多年，高考成绩依然很高。所以我不说是新教育促进了海门高考，那样说很假。但我可以理直气壮地说，新教育没有妨碍高考成绩的提高，这绝对可以说。而且还可以说，新教育不但没有妨碍高考，而且还让学生收获了比高考丰厚得多的东西。这都和理想课堂有关系，因为新教育的理想课堂绝不只是对准高考。当然，这方面需要探索的东西太多。全国各新教育学校应该在构筑理想课堂方面做出自己的贡献，一起来熬这锅“石头汤”。

第六，榜样教师。我看一个学校做新教育实验是否成功，是否卓有成效，重要的标准之一就看这个学校有没有几个或一批做得好，且能说会写的榜样教师。这是重要标志。新教育是众多素质教育路径之一，它以教师成长为起点、为抓手，通过促进教师专业发展来带动整个教育品质的提升。而新教育本身就是一种唤醒，唤醒教师的职业热情；是一种点燃，点燃教师的教育理想。不仅仅是唤醒和点燃，新教育已经并且还将促进无数青年教师的成长，让许多青年教师成为好老师，成为名师。我在外面讲学时经常说，什么是好老师？不说理念，单从技术操作的层面说，课上得好，班带得好，分考得好，会转化后进生，就是好老师。但好老师不一定是名师，名师还得在好老师的基础上加两点——能说会写。能说，就是能通过讲座，通过报告，把自己的智慧传播出去，这样便有影响了；当然这种影响还有限，毕竟面对面听你讲述的人有限，如果你能写成文章发表，写成书出版，那影响就很大了，你就成为名师了。我们新教育不但激发教师的实践与创造，还提供平台让新教育教师演说与写作，并发表。我们有各种新教育生命叙事会，还帮助新教育教师著书立说。只有这样做并培养出了新教育的榜样教师，一个学校才叫真正的新教育学校。

我就说这么多，供大家参考。成都离北川很近，我开车两个小时就到了。有什么需要我为你们做的，我随时听候你们的吩咐。

2017 年 2 月 28 日

做真实朴实的新教育

2013年1月11日，武侯实验中学附属小学举行了新教育展示日活动。下午结束时，我做了总结发言——

今天，我们武侯实验中学附属小学举行了一天的新教育展示。我给我校的新教育实验打70分。别看只有70分，在我看来这个分数已经很高了。我校搞新教育也就一年多，远远谈不上硕果累累。但我为什么还是打了70分这个高分呢？

第一，新教育实验让我们的老师呈现出了积极昂扬的精神面貌，也就是说，老师们的精神面貌不错。对此我不展开说。今天，无论是参加展示的老师还是其他老师，我想各位领导和兄弟学校的老师可以看到他们的精神面貌。第二，我们的新教育实验做得很实在，很踏实，没有浮躁的东西，没有浮夸的东西，就这么一步一个脚印地朝前走。第三，我们的学生也发生了变化，比如热爱阅读。今天中午，我看到我的办公室外面不远处有一群孩子在那里排队，仔细一看，原来他们在图书室门口排队借书。这个队列让我感动，也让我看到孩子们的精神面貌。这就是变化。

那么，为什么扣了30分呢？或者说这30分是扣在哪些地方呢？我认为，毕竟我们搞新教育的时间还不长，因此还做得比较粗糙，还有待更加完美，更加深化。另外，我们有些地方还不够简朴，比如，今天老师们拿到的日程安排是铜版纸精美印刷，我想，有这个必要吗？不就是一张日程安排表吗？为什么不用一般的A4纸油印呢？还有，我看外面展示的学生成长随笔，有手写的，也有电脑打印的。为什么不展示学生原始的手迹呢？当然，电脑打印的学生文字肯定要美观工整得多，但已经不是原汁原味了。如果展示学生的原文，即使字不是那么好看，但真实啊！从这些细节处看，我们还是有意无意地在为展示而展示，总想到是展示，所以一切都要精美，这就不够真实不够朴素了。我以前曾经批评有的学校为了展示新教育追求豪华，追求精致，比如非要搞一台春晚式的舞台演出，比如连展示出来的老师教育随笔都是铜版纸印刷而且装帧精美。有这个必要吗？可是我们学校今天也出现了类似的情况，虽然不过是一张议程表和几本学生作文，但还是应该简朴。

我还是想说说一个朴素的问题：为什么要搞新教育？是为了学校有特色吗？是为了学校有品牌吗？是为了提升学校的所谓形象吗？是为了朱永新老师吗？是为了赶新教育的时髦吗？统统不是。我们现在有的学校就喜欢弄点什么花样来表示自己与众不同，表示自己有特色有品牌。但我不愿意这样做。因为新教育其实并不新，它不过是将过去千百年来行之有效但渐渐被人遗忘或丢弃的教育真理发扬光大而已，或者说在新的历史条件下丰富深化，没有必要非要把新教育说得神乎其神。那么，我们搞新教育究竟为什么呢？

第一，为了我们教师自己的专业成长和职业幸福。怎样成长？成长就在每一天的行动中。现在一提到什么教育改革，我们往往只想到为了孩子，所谓“一切为了孩子”，却忽略了教师。而新教育的抓手就是教师成长。成长即幸福。当绩效工资无法改变，工作环境无法改变，教育对象无法改变时，我们唯一能够改变的是我们自己的精神状态。通过新教育，我们能够体验到职业幸福，虽然很忙碌，可是很充实。唉声叹气是一天，喜笑颜开也是一天，究竟我们选择什么呢？当然是后者。

第二，为了让我们的孩子有一个浪漫而富有情趣和诗意的童年，给他们的将来留下充满人性的温馨记忆。我们开展阅读也好，打造完美教室也好，不仅仅是为了提升学生的成绩。刚才有老师说，丰富学生的阅读，肯定能够提高他们的成绩。我看不一定。我是这样想的，丰富学生的阅读，一般来说能够促进他们的成绩，但即使不能促进，至少不会促退。不但不会促退，而且还会因为阅读而给学生的心灵世界注入许多的精神养料和缤纷色彩。对于有些成绩很差的学生，不让他们阅读课外书，他也考不上大学考不上重点高中的，那还不如让他阅读呢！新教育有许多富有诗意的活动，还有许多符合儿童天性的活动，我们搞新教育，就是要满足儿童的天性。

总之，我们搞新教育，不是为了对外做给别人看，而是对内为了我们自己的心灵，为了我们的幸福。

对于一个学校来说，新教育该怎么做？我的想法是，要尽可能点燃激情，唤醒理想，尊重自由，提供平台。新教育是为有激情有理想的人准备的。因此，我不愿意强迫老师必须做。同样，新教育在全国的推广靠的都是新教育本身魅力的吸引，而不是强制的行政命令。当年朱老师在苏州做分管教育的副市长都没有下发文件要求苏州每个学校都必须搞新教育。如果靠行政命令强制，必然就会逼着一些老师弄虚作假，那就成了假教育。我想，我们学校如果有那么一些老师不搞新教育不要紧的，只要多数老师心甘情愿搞就很好了。这部分老师有激情有理想，他们必然愿意搞。对于一个新教育实验老师来说，我作为校长要尊重他的创造，要给他以自由，允许并欣赏他以自己的方式搞新教育。理念一致，形式多样，这多好！一旦他做出了成绩，我就给他展示和发表的平台，以此激励他。这样的老师在我们学校还不少。人才不是培养出来的，更不是打造出来的，而是他自己生长出来的。我们做校长的，不过是给老师们以自己生长的土壤、空气、阳光和水而已。新教育就是这样的土壤、空气、阳光和水。

另外，我还是强调，新教育要朴素地搞，实在地搞，千万不要华而不实，动不动就炒作，就包装，就打造。我经常给我校老师说，别人做不做新教育我们不要勉强，我们自己踏踏实实地做就很好了。做出成绩自然有影响，有影响就会吸引更多有理想的教育者加入。我诚恳地……邀请——我本来想说号召，但我觉得我哪有那个权威“号召”呢，还是“邀请”吧——更多的老师加入新教育实验。我以我前年给我校老师写的两句话作为我这个总结的结束——

朴素最美关注人性做真教育，幸福至上享受童心当好老师。

2013 年 1 月 11 日

让新教育年会更加朴素

新教育实验的针对性之一便是浮躁、虚假、豪华的教育。从这个意义上说，新教育本身就应该是沉静、真实、朴素的教育。的确也是。十年来，无论是从绛县的区域性新教育推进，还是从“桃花仙子”老师乡村教室的新教育实践，我们都感到了新教育的草根本色，闻到了新教育的田野芬芳。

但是，一年一度的新教育年会似乎一年比一年豪华。

近几年每届年会都有一台堪比春晚的舞台表演。因为时间太短，新教育实验的成果通过舞台演出的方式集中展示，无可厚非。但一定要这么美轮美奂（我知道从严格意义上说这个词用得不准确，但现在大家都这样用了，已经约定俗成）吗？那流光溢彩的舞台，那绚丽耀眼的灯光，那震耳欲聋的音响，那五彩缤纷的服饰，还有高像素高清晰度的 LED 显示屏……的确让人恍惚置身于中央电视台春晚的演播大厅。

以前只需要一个学校，便可以支撑起一届新教育年会；后来学校不行了，须得教育局出面，举全局之力，才能完成一届年会；现在教育局也承担不了了，要市、区、县政府出面，以政府强势行为才能将年会办出“规模”，办出“规格”，办出“档次”。由学校到教育局再到政府，年会的规模在不断扩大，而花费的巨额资金也在急速攀升。每一届年会闭幕后，都让来年年会的主办方“压力山大”。

有教育局和区政府的支持，是新教育人所需要的；但新教育原本是一场专家发起民间参与的草根教育改革，民间实验如果得到行政的支持那当然好，但这里的支持如果更多的是体现在年会的豪华攀比上，实在离新教育的本色越来越远。

行政领导的思维和纯粹教育者的思维是不一样的。县长、区长、市长们可能想得更多的是如何通过新教育年会推销本地，而教育者想的是教育本身。我明显感到，政府部门已经把新教育年会当成打造品牌、塑造形象、扩大知名度的机会，说“醉翁之意不在酒”可能偏激了一些，但至少不完全在教育这杯“酒”，这样一来，新教育年会便注入了不少非新教育甚至非教育的东西。

我无意否定申办新教育年会的各地政府良好的初衷，实际上敢于、乐于承办新教育年会的政府领导，大多是有教育情怀和教育眼光的人，他们在自己的辖地为新教育实验创造条件提供支持，无论如何是该赞赏的。只是，在举办新教育年会的时候，是不是应该纯粹些，朴素些？

政府的豪华举动对下面所产生的影响是明显的。年会期间，一些供代表们参观的新教育实验学校，也都竭力让所有的展示内容精致而精美。比如，老师薄薄的几页教育叙事，非要用铜版纸做成一本近乎于精装本的小书，还有校园的展板、墙上的挂图，以及教室和办公室的陈设，几乎都是用昂贵材料做成，而且都是崭新的。我想，如果原生态地陈列出老师手写的教育笔记，和学生稚拙的字迹，那会更真实，也更感人，当然，也更有说服力。

新教育年会能不能不搞舞台演出？（如果这样，将可以省下多少钱以资助边远地区更多的人做新教育啊！）年会所有的展厅、展板能不能低碳一些？（没必要有那么多的灯光，不必专门搭建各种平台，少用些高档昂贵的材料。）所有的展示能不能更加原生态一些？（比如参加展示的老师和孩子都不要化妆，也不要穿着专门为此次展示所设计的服装，等等。）交流发言的老师和学生能不能更加自然更加生活化一些？（演说式、朗诵式的说话虽然出口成章，滴水不漏，但总觉得不自然。其实，口语化的表述哪怕出现一两个口误都不要紧，那样会更加亲切，也更加真实。）

了解新教育的人都知道，常态的新教育绝不是像年会那样耀眼，千千万万新教育人在每一个普通的日子，都在朴实而朴素地探索着坚守着。但不了解新教育的人，如果仅仅通过年会来看新教育，很容易误以为新教育就是眼花缭乱的表演，就是借助高科技手段的展示。如此奢华的“新教育”，只能让许多人特别是不发达乃至贫困地区的教育理想主义者望而生畏，望而却步。

前年的桥西新教育年会，我就呼吁新教育年会能够朴素些；去年鄂尔多斯年会我没去，但听说也很“令人震撼”；今年的临淄年会，我感到还是艳丽了一些；我期待着明年的杭州萧山年会，能够还新教育实验的朴素本色——杭州萧山属于中国的经济发达地区，“不差钱”，要办一届朴素的年会，还真是一个挑战呢！

但我还是期盼着。

2012 年 7 月 24 日

诲人不倦的“朱老师”
——读朱永新老师的《致教师》

作为民进中央副主席、全国政协副秘书长，朱永新先生的追随者却很少叫他的“官衔”，而是都不约而同地叫他“朱老师”。

这不仅仅是因为他同时还是多所大学的教授和博导，更主要的原因是他总是给周围的人以师长般的关怀和影响——不仅仅是我这样曾师从于他的学生，还包括许多素不相识的一线教师。我曾经把他称作“中国第一教育义工”，因为他几乎把他的周末和节假日都无偿（的确是“无偿”）奉献给了中国的新教育实验，引领了许多普通老师的成长。除此之外，他还利用无数个清晨或飞机上的时间，通过书信方式为许多远方的老师解惑。所以，他是千千万万追随者心目中名副其实的“朱老师”。

这本《致教师》，便是他作为“朱老师”的又一个注释。

这本书是朱老师就一线普通老师最关心最困惑的问题所做出的解答：“如何学会思考?”“如何进行专业阅读?”“如何应对自己不如学生的困境?”“如何写论文?”“如何对待问题学生?”“如何让领导认可自己的探索?”“如何在压力下坚守?”“如何同时成为好老师和好妈妈?”“如何合理安排时间?”“如何学会交往从而受人欢迎?”……所有的问题都来自校园鲜活的气息，来自教室纷繁的生活，来自讲台流淌的瞬间，来自教师成长的心灵。

朱老师是怎么回答这些问题的呢？他没有摆出教授、博导的架子，用高深莫测的理论和晦涩艰深的术语谈这个“原则”那个“性”，而是用亲切平易的态度，用朴素却不乏生动形象的语言，讲述着一个个教育的真谛。朱老师特别善于讲故事，比如在讲“教师的幸福在哪里”时，朱老师讲了一个大师口中的神的故事；又比如在讲“如何保持教育热情”时，他讲了著名特级教师李吉林的故事；再比如在讲“如何寻找生命的原型”时，他讲了著名物理学家范德瓦尔斯的故事……结尾朱老师的落款总是“你的朋友　朱永新”，读着读着你就不知不觉真的把朱老师当朋友了。这就叫“接地气”。

当然，朱老师毕竟是一位真正的教育专家，他的文化功底和教育素养决定了他讲故事不仅仅是浅薄的举例，他所讲的故事都指向老师们一个个需要解决的难题。对每一个难题，朱老师都有着具体的富有操作性的建议。比如，回答“如何做论文”时，朱老师讲了如何进行文献检索，详细介绍了传统文献的分类和文献检索的三个阶段和要注意的问题，还特别耐心地讲了如何确定教育研究的课题：“对青年教师来说，最便捷最有效的途径，是从自己的教育实践中提出问题。”并谈了一线老师进行研究应该注意的几个问题。最后，朱老师说：“作为一线教师，还可以从记录自己的教育生活开始，如记录自己的课堂，对课堂实录进行分析；记录学生的个案，对个案进行诊断分析和改进的探索等等。研究的关键是善于积累，积累的材料多了就能够发现规律。”这么详尽而切实可行的建议，让读者有实实在在的收获。

朱老师的语言也值得称道。他往往在娓娓道来中显示出思考的深度与思想的魅力，而这种深度与魅力又通过富有哲理与诗意的语言表达出来：“真正的信仰是最为恒久炽热的希望，能在厄运中鼓舞起勇气，激荡起乐观。信仰造就的乐观，是生命中的太阳，任何境况下的人生都会因此温暖明亮，并指引着生命的明亮那方。”（《为自己赢得心灵的自由》）“一般来说，同一个职业的八小时内的生活都相差无几，八小时以外的业余生活才预言着未来。真正的人生，往往是业余时间所决定的。”（《业余预言未来》）“每个生命都是这个世界的唯一。关注每个生命，关注每个孩子，为每个生命颁奖，为每个生命喝彩，应该是我们教育的使命。”（《为每个生命颁奖》）“一位老师抓住了每一天的生活，关注了每一个教室里的每一个日子，让每一天都值得孩子记住，他就能创造教育的传奇，就能够拥有真正的幸福。所以，珍惜每一个平凡的日子，用心过好每一天，是教师幸福感形成的重要途径。”（《教室就是幸福源泉》）……这样隽永的句子在书中比比皆是。

《致教师》的前言是朱老师的一首题为《我是教师》的诗。诗中写道：“我是教师，这是一份职业，更是一个志业；我是教师，这是一份职责，更是一种使命……”其实，在我看来，无论是职业、志业，还是职责、使命，体现在朱老师的身上无非就是孔子说的四个字：“诲人不倦”。

2015 年 8 月 21 日

新教育实践

XINJIAOYU
SHIJIAN

新教育十问十答

一、什么叫“新教育”?

“新教育”这个短语并不是我们所独创的，早已有之。但在中国当下语境中的“新教育”，是“新教育实验”的简称。那么什么是“新教育实验”呢?

这是一个以教师发展为起点，以十大行动为途径，以帮助新教育共同体成员——教师、学生及其父母——过一种幸福完整的教育生活为目的的教育实验。

朱永新老师说：“新教育的彼岸是什么模样?我想，彼岸是一群又一群长大的孩子，从他们身上能清晰地看到：政治是有理想的，财富是有汗水的，科学是有人性的，享乐是有道德的。”

如果以我个人的体验和理解，我想这样表述：新教育就是点燃教师理想与激情的教育，是唤醒孩子梦想与创造的教育，是让教育生活充满诗情画意的教育，是让教育符合人性并充满人性的教育，是给孩子和教师自己的未来留下温馨记忆的教育。

二、新教育“新”在何处?

新教育人认为，就教育理念而言，关于新教育之“新”，并不是前所未有的“横空出世”，而是归真返璞和与时俱进，也就是说，今天所进行的新教育实验，是让教育回到起点，将过去无数教育家所憧憬的教育理想变成现实。当一些理念渐被遗忘，复又提起的时候，它就是新的；当一些理念只被人说，今被人做的时候，它就是新的；当一些理念由模糊走向清晰，由贫乏走向丰富的时候，它就是新的；当一些理念由旧时的背景运用到现在的背景去继承，去发扬，去创新的时候，它就是新的……

现在如果有人穿旗袍，我们会说，哟，你今天穿了一件新款式的衣服，可实际上旗袍在中国早已有之，只是多年没人穿了，今天有人根据当下审美观进行了创造性加工，一穿出来便成了“新”的。同样，读书有益于人的成长，这个理念新吗？当然不新，但许多人不做，而我们做起来了，而且拓展了更丰富的阅读方式，这就是“新”！

简单地说，新教育之“新”，不是“除旧更新”之“新”，而是“推陈出新”之“新”。

三、我们学校已经很好了，是一个品牌学校，不需要提升了，搞新教育还有什么意义呢？

是呀，为什么一定要搞新教育？是为了学校有特色吗？是为了学校有品牌吗？是为了提升学校的所谓形象吗？如果是为了这些，有的学校已经有了呀！那么，我们搞新教育究竟为什么呢？

第一，为了我们教师自己的专业成长和职业幸福。怎样成长？成长就在每一天的行动中。现在一提到什么教育改革，我们往往只想到为了孩子，所谓“一切为了孩子”，却忽略了教师。而新教育的抓手就是教师成长。成长即幸福。当绩效工资无法改变，工作环境无法改变，教育对象无法改变时，我们唯一能够改变的是我们自己的精神状态。通过新教育，我们能够体验到职业幸福，虽然很忙碌，可是很充实。唉声叹气是一天，喜笑颜开也是一天，究竟我们选择什么呢？当然是后者。

第二，为了让我们的孩子有一个浪漫而富有情趣和诗意的童年，给他们的将来留下充满人性的温馨记忆。我们开展阅读也好，打造完美教室也好，不仅仅是为了提升学生的成绩，更是为了给学生的心灵世界注入许多的精神养料和缤纷色彩。新教育有许多富有诗意的活动，还有许多符合儿童天性的活动，我们搞新教育，就是要满足儿童的天性。

毫无疑问，新教育能够提升学校的形象，但我们做教育不是做给别人看的，而是为了我们和我们的孩子。我们搞新教育，不是为了对外做给别人看，而是对内为了我们自己的心灵，为了我们的幸福。这和学校是不是品牌学校没有关系。

四、新教育能够提高教育质量吗？

你说的是分数吧？我要说的是，新教育本身不是补习班，并不以提高中考、高考分数为主要目的。如果以提高分数为目的而参加新教育，注定会大失所望的。

有必要说说“质量”这个词。在当今基础教育界，这个词特指分数。常常有校长在大会小会强调“一定要有质量意识！”“一定要狠抓质量！”云云。老师们都明白，校长说的就是分数。但就这个词的本义，显然不只是，甚至主要不是指中高考分数。所谓教育质量，应该是指我们对学生进行德、智、体、美、劳全方位教育的成效，当然包括智育的分数，但显然远不只是分数。如果这样全面地理解“质量”一词，我可以负责任地说，新教育绝对能够提高教育质量。这不是我的理论判断，而是已经被许多新教育实验学校所证明的事实。

新教育实验是以教师专业发展为抓手，如果教师的专业素养提高了，教育教学质量能不提升吗？新教育实验以“营造书香校园”为十大行动之首，特别注重孩子的阅读，尽可能通过阅读让孩子与人类崇高的精神对话；还有各种晨诵、午读、暮省的生活方式，有“每月一事”的习惯养成，有色彩斑斓的各种卓越课程，等等，让孩子真正获得一种幸福完整的教育生活，锻造其人格，开阔其胸襟，拓展其视野，放飞其心灵，厚重其积淀，丰富其智慧，激发其创造……这样的孩子，还怕中考、高考吗？

以江苏省某中学为例（因为要避宣传高考之嫌，我这里隐去学校名称，但数据绝对真实）：该学校在今年高考中创造出堪称辉煌的成绩——理科 400 分以上达 11 人，3 人进入省前 20 名，列全省第一；本科录取率位居江苏省前列，本一上线率达 73. 30%；本二上线率达 98. 12%，再次突破 98%。文理科语文均分全省第一。文科语文、数学、英语等均分全省第一。

说实话，当我在引用这一组数据时，心里的悲凉多于自豪——新教育的成果居然还是要屈从于所谓“社会评价”的指标，因而不得不以最世俗的高考分数来证明新教育的成功。这是我们这个时代的悲哀！

也许有人会说：“全国中考、高考取得辉煌成绩的多了去了，难道都是你新教育的功劳吗？”这话问得好。的确，中考、高考辉煌的原因很多，如果简单归功于新教育，新教育便又沦为“高考补习班”了。

但是，根据我刚才列举的多年搞新教育实验的江苏某中学今年的高考成绩，和全国其他新教育实验学校辉煌的应试成绩，我可以这样说：“搞新教育实验，至少不会妨碍中高考成绩，而且只会促进教育质量的全面提高!”

五、新教育实验是怎样促进教师成长的?

作为“以教师发展为起点”的新教育实验，把提升教师的职业认同与引领教师的专业发展，作为重要使命。

所谓“职业认同”，通俗而简单地说，就是把教育当作自己的事，是与自己生命融为一体的事。教育，不是外在的强迫，而是自己的选择；不是为别人做，是为自己做。

打个形象的比方，教育就是教师和孩子的生命交织，是教师阅读孩子生命的故事，同时和他们一起编织故事。我曾读到美国2009年的全国年度教师托尼·马伦的获奖感言。感言中有几句话让我特别感动——

> 最优秀的教师有一个共同的品质：他们知道如何读懂故事。他们知道走进教室大门的每一个孩子都有一个独一无二、引人入胜，但却没有完成的故事。真正优秀的教师能够读懂孩子的故事，而且能够抓住不平常的机会帮助作者创作故事。真正优秀的教师知道如何把信心与成功写入故事中，他们知道如何订正错误，他们希望帮助作者实现一个完美结局。

这里所说的“故事”，并不单指事件和情节，而是指孩子成长的过程；这里所说的“孩子的故事”，指的是孩子生命的河流。这条河，每天都在向前流淌，有时平缓舒展，有时湍急激疾，有时汹涌浩荡，有时又曲折回旋……于是，孩子的一生便摇曳多姿或惊心动魄起来。

那么，面对这条河，每一个教师是什么呢?

有时候，教师是泳者，他在水中畅游，被水浸泡着，亲吻着，抚摸着，享受着水的清澈与清凉；有时候，教师是船夫，他被河水托着，悠然自得，欣赏着河面的浪花和两岸的风景；有时候，教师是漂流者，他驾驭并征服汹涌的河水，劈波斩浪，一泻千里；有时候，教师还可能是清污者，清除水面的污染物，或者排除河底障碍——如果有必要甚至还可能引导河水改道……

在生命的河流里，教师走进了孩子的故事。这个故事如河流一样不可逆转，而且每一天的风景都不可预知——或令人欣慰，或令人惊叹。故事的原创是孩子，但编辑是教师。如托尼·马伦所说，教师帮助孩子“把信心与成功写入故事中”，为孩子“订正错误”，并“帮助作者实现一个完美结局”。

作为高明的“编辑”，教师一定要读懂每一个孩子的故事。什么叫读懂？我理解，就是陶行知所说：“我们必须会变小孩子，才配做小孩子的先生。”所谓“会变小孩子”，就是用童心去感受童心。一个真正的教育者，总是有着纯真的童心，并能够用儿童的眼睛去观察，用儿童的耳朵去倾听，用儿童的兴趣去探寻，用儿童的大脑去思考，用儿童的感情去热爱……对此，陶行知先生还有一段十分感人的话：“您不可轻视小孩子的情感！他给您一块糖吃，是有汽车大王捐助一万万元的慷慨。他做了一个纸鸢飞不上去，是有齐柏林飞船造不成功一样的踌躇。他失手打破了一个泥娃娃，是有一个寡妇死了独生子那么悲哀。他没有打着他所讨厌的人，便好像是罗斯福讨不着机会带兵去打德国一般地怄气。他受了你盛怒之下的鞭挞，连在梦里也觉得有法国革命模样的恐怖。他写字想得双圈没得着，仿佛是候选总统落了选一样的失意。他想你抱他一会儿而您偏去抱了别的孩子，好比是一个爱人被夺去一般的伤心。”

只有这样，才能真正读懂每一个孩子。

和一般的阅读不同，读懂孩子的故事，并不意味着教师仅仅是一个旁观者。不，教育是我们和孩子生命与生命的相遇，因此我们自然而然地进入了孩子的故事，和孩子一起创作，推动情节的发展，并期待着一个完美的结局。生命的交融、心灵的相通，让教师和孩子一起在生活的河流中奔涌，漂流，探险……

当教师对职业的认识达到了这个高度，教育的一切——喜悦与烦恼、成功与挫折、赞誉与非议、欣慰与委屈……都是自己的，与别人无关，因而这一切都丝毫不会影响我们的教育心态与行为，更不会挫伤我们对孩子的爱和对教育理想的追求。这就是我所理解的职业认同。

新教育对教师专业引领主要是通过“专业阅读”“专业写作”和“专业发展共同体”来实现的。

阅读对于教师发展与成长的重要性，无论怎样强调都不过分。课堂的魅力就是教师的魅力，而教师的魅力其实主要就是学识的魅力。教师在讲台上一站，就要让学生感到你有一种源于知识的人格魅力。这种魅力，更多的来自专业阅读。所谓“专业阅读”，我理解应该是这样一种阅读结构：学科教学、教育心理、人文科技。作为一名成长中的教师，一定要读所教学科领域顶尖级的特级教师的专著，一定要读类似苏霍姆林斯基这样世界级教育大师的著作，一定要涉猎哲学、政治、经济、历史、文学、艺术、科技等著作。

“专业写作”也可以通俗地叫作“教育写作”。比如写教育备忘，为将来留下记忆线；写教育随笔，灵活自由，可长可短；写教育故事，怎么发生的就怎么写；写课堂实录，朴素记录，情景再现，及时反思；写教育论文，有感而发，有血有肉……许多新教育榜样教师的成长已经证明，坚持不懈的教育写作，能够使一个教师由普通走向卓越，由平淡走向幸福！写作不仅仅是单纯的写作，它必然伴随着实践、阅读与思考。它与实践相随，与阅读同行，与思考为伴。实践是它的源泉，阅读是它的基础，思考是它的灵魂。任何一位教育者都应该同时又是一位思考者。而教师的写作，便是教育思考的很重要的途径。

“专业发展共同体”指的是一群有着共同追求、共同愿景的教师——用新教育的说法，叫作“尺码相同的人”——所组成的正式或非正式团队。比如学校教研组或年级备课小组，还有“成长空间”“读书论坛”等，在许多学校都有类似于“相约星期二”的沙龙活动，定期开展名著品读、随笔交流、专题研讨、经验分享、观点争鸣等活动。这样的“专业发展共同体”，实际上是一处精神家园，充满了人情的温馨，闪耀着思想的光芒，更富有理想主义的气息。大家互相取暖，抱团发展，彼此激励，共同成长。

六、新教育能够在中学搞吗？

坦率地说，就目前新教育实验的覆盖面而言，大多数都是小学，中学也有但不多。其原因毋庸讳言，就是在当下应试教育还相对比较强势的背景下，相比起小学，新教育实验的空间在中学相对要狭小些。

但空间相对狭小不等于一点空间都没有，因此中学完全可以根据实际情况搞新教育实验。不少中学，比如焦作修武第二实验中学、成都武侯实验中学、江苏海门海南中学、甘肃庆阳齐家楼温泉初中等，依然做得不错。

不仅仅是因为中学有应试压力，也因为中学生有着与小学生不同的特点，因此，有些小学的新教育实验项目和课程在中学不一定适用。比如儿童剧的演出，无论精力还是时间，要像小学那样完整地穿越一次童话剧之旅，都不现实。但中学的新教育实验至少可以做这么几件事——

第一，营造书香校园。朱老师说过，即使新教育实验的其他事暂时没条件做，把书香校园做好了，也很了不起。通过各种形式，营造校园浓郁的阅读氛围，开展丰富多彩、形式活泼的阅读活动，让师生把阅读当作一种自然而然的生活方式，并伴随终身。这样的教师，必然专业能力强；这样的学生，必然综合素质高。

第二，缔造完美教室。这里的“教室”，显然已经不同于我们一般所说的物理意义上的教室了。它是一种借代，代指班级；或者说是一种象征，象征着一群人共同生活的一段历程。缔造完美教室，强调的是一种班级文化的建设，一种集体精神的滋养；这样的环境里，师生都获得了快乐与成长。

第三，构筑理想课堂。新教育的理想课堂提出“六个维度”和“三重境界”。六个维度是：参与度、亲和度、自由度、整合度、联系度和延展度；三重境界是：落实有效教学框架，发掘知识这一伟大事物内在的魅力，知识、社会生活、师生生命的深刻共鸣。对理想课堂的不断追求，毫无疑问能够提升我们的课堂品质，让师生受益。

第四，研发卓越课程。所谓卓越课程，就是在其中最好地完成了课程的目的，完美地实现了人的完整幸福。研发卓越课程是一种价值追求，一种生命朝向，一个对未来的期待和一个庄严的承诺。在不同的新教育学校，有许多因地制宜、因人而异的课程，这些课程丰富了师生的生命历程，让教育生活本身也成了一段生命的传奇。

第五，家校合作共建。学生父母是新教育共同体不可缺少的组成部分，父母的成长也是教育成功的关键之一。通过家校联动的机制，建立父母委员会，开展丰富多彩的活动，让父母更多地参与学校生活，引领父母和孩子共同成长，使家庭教育和学校教育优势互补，相互促进，最终实现家庭教育、学校教育的协调发展。

在中学搞新教育可以做的当然不止这几件事，但至少这几件事是可以做的。

我还想说的是，做这几件事，与完成“应试目标”一点都不矛盾，更不冲突。把这几件事做好了，只会促进应试成绩的提升——至少不会妨碍。

七、我教理科，可以搞新教育吗？

你提出这个问题，我估计是基于一个“理所当然”的判断，就是新教育都是文科老师在搞。这是一种误解。但这种误解和新教育现在本身的某些不足有关。

比如新教育阅读，一直以来过于偏重文学，偏重诗歌，偏重童话，再加上儿童剧之类的课程，还有我们推出的新教育榜样教师更多的也是语文教师，新教育开发的课程，给人的印象更多的也是文学、道德、浪漫……而少有科学的、数理的、逻辑的因素。这一切，就让外界很多人误以为新教育实验就是语文教学的延伸。但实际上新教育实验从理论上没有止于语文学科，它是从教育的高度涵盖所有学科和基础教育所有学段的。所以，我一直期盼有数学老师等理科老师能够成为新教育榜样教师。而你教理科，正可以在这方面大有作为，为新教育实验开辟新的空间，做出新的贡献。

我一直主张新教育阅读还应该有“三科”：科学、科技和科幻。读科学读物，是为了培养学生的科学精神；读科技读物，是为了培养学生的创造能力；读科幻读物，是为了培养学生的想象力。当然，现在新教育阅读不是一点都没有这些东西，我听一些榜样教师在叙事时也谈到读科技著作，但分量实在太少太少。我们的教育，不但要让孩子更善良，还要让孩子更聪明。

除了阅读，在课程开发方面，理科教师更是拥有广阔的天地：科技制作、天文地理、环境气候、信息技术、经济商业、生物技术、创造发明……都是理科教师大显身手的领域。

八、做新教育是不是会很累？

我不想抽象地回答这个问题，还是给你讲讲成都市武侯实验中学附属小学的包虹婧老师吧！

包老师的家离学校很远，每天早晨都要坐四五十分钟的公交车。车内又挤又闷，包老师往往玩手机看信息，或者戴上耳机听音乐，以打发时光。可自从加入了新教育实验，每天这个时段便成了包虹婧规划、思考甚至憧憬的时候：今天的晨诵孩子们会有怎样的精彩？今天读书活动又该由哪些孩子展示？今天又该找哪个孩子谈心了？昨天那个犯错误的孩子今天会有什么变化呢？昨天的那个教育案例有没有值得提炼反思的地方？

“新教育实验让我每一个早晨都有憧憬，因而每天都充满了激情。”一次包虹婧这样对我说。

你说，包老师是比过去更累了呢，还是更快乐了？或许是二者兼有，所谓“累并快乐着”。

我无意夸大新教育实验的作用，但新教育实验点燃了无数普通老师的梦想与激情，让他们重新看待自己每一天平凡的工作，让每一个平凡的日子变得精彩，且充满故事。这是发生在我身边一个又一个的事实。我所工作的武侯实验中学及其附属小学，包老师不是个案。

新教育实验的宗旨是“让师生过一种幸福完整的教育生活”。请问，现在有多少老师的教育生活是幸福的？为了分数，为了名次，单纯的应试训练成了许多老师工作的主要内容，不少老师身心疲惫而又不得不全力以赴地去“战斗”，职业倦怠成了许多教师摆脱不掉的梦魇。这样的教育生活无论如何谈不上幸福。就算辉煌的应试成绩能够带给教师短暂的成就感，这种仅仅来自分数的幸福也远远谈不上“完整”。关键是，教师如此疲惫不堪全都是被动的忙碌甚至忙乱，日复一日机械而被动地重复昨天的故事，谈何“幸福”，又谈何“完整”？

所谓“幸福完整的教育生活”，我认为应该这样理解：一是教育就是生活，教师应该把教育当作生活本身的有机组成，而不是“八小时以内的工作”，所谓“教育生活化，生活教育化”，有了这样的理念，教师也会拥有一种积极主动的教育生活状态。二是教育同时是一种特殊的生活，其特殊性在于始终与儿童为伴，与儿童的心灵世界相通，与孩子心心相印，用陶行知的话来说就是“真教育是心心相印的活动，唯独从心里发出来的，才能打到（李镇西注：是‘打到’而非‘达到’）心的深处”。三是教育生活应该是幸福的，这个不用多解释，如果教育生活不是幸福的，那么每一天都是一种折磨和奴役。四是教育生活的幸福应该是完整的，而不是单一的、片面的、被割裂的：既有帮助学生求知的幸福，也有引领他们全面而快乐成长的幸福；既有看到学生成长的幸福，也有教师自己成长的幸福；既有教学目标实现的幸福，也有教育过程的幸福；既有课堂上和孩子心灵对话的幸福，也有课余开发课程、写作记录乃至出版著作的幸福；既有今天享受教育时光而怦然心动的幸福，也有明天回眸教育人生而热泪盈眶的幸福……

参加新教育实验，事情肯定比过去多了，但这是自己对“过一种幸福完整的教育生活”的主动选择与积极追求。这正是激情被点燃，梦想被唤醒，视野被拓宽，潜能被激发……

你说，这叫“累”吗？

九、我这里地处偏僻，周围没有人搞新教育，校长也不支持，我可以搞新教育吗？

在互联网时代，没有偏僻的地方。周围有没有人搞新教育和你自己是否搞新教育没有必然联系。校长支持，是搞新教育的有利条件，但不是必要条件。

我还是以一个真实的故事来回答这个问题吧！

在湖南桃源县的一个山坡上的乡村小学，有一个叫敖双英的老师陪伴着一群留守儿童。除了教学，她一直带着孩子们组织课外活动，从生活上关心他们，给他们讲道理，但费力不少，收效不大。在那个偏僻的地方，因为网络她便和世界相连。2007 年她偶然在网上发现了教育在线网站，知道了新教育实验，便一头扎了进去。而当时她所在的学校，包括校长在内没有一个人知道新教育。但这不妨碍敖双英老师开始一个人的新教育实验。

她从新教育的一句话“一个人的精神发育史就是他的阅读史”切入新教育，下定决心一定要做新教育，用阅读来改变孩子！从此，收入微薄的敖老师倾尽所有，义无反顾地走上了读书、选书、买书之路。2007 年之前，她所在镇上根本没有书店，每次进城，她的双肩包里都会背回大量书籍。尽管周围没人做新教育，但敖老师并不孤独，因为她在网上结识了许多新教育人，她的执着也感动了许多人。渐渐地，新教育研究中心、新父母研究所等机构先后捐赠给她各种图书，朱永新老师也向她捐赠童书数百册，再加上网友捐书、同行图书漂流，敖双英老师教室里的书越来越多了。六年时间，她的孩子们读书在 1500 册以上，其中她和孩子们共读、精读了 200 多册绘本、30 多本文字书。共读，是为了让孩子们的生命与书籍产生共鸣。

后来，为了让孩子们也能够通过网络享受新教育的课程，敖老师自费花2000多元钱在教室里装了网络。当时有几位好心的领导劝她：过不多久县里就会给学校安装网络了，你本来工资就不高，可别浪费了钱呀！敖老师认为学校装网络还说不准时间，她实在不愿耽误，她想让孩子早一点接触新教育课程，教室里有网络会方便得多，她不想让孩子们老是当“乡巴佬”。果然，网络通了，原来小小的教室变成了无穷大，课程比过去丰富了。后来敖老师也尝试开发课程，家乡的一草一木、花鸟虫鱼等等，都是最鲜活的素材。

渐渐地，敖老师的新教育越做越好，越做越有影响，周围的老师，还有校长都因为她而走进了新教育。再后来，敖双英成了新教育的榜样教师，影响了更多的人加入新教育。

敖双英老师说：“通过新教育，孩子们享受了不一样的学校生活，我也享受着自己不断成长的喜悦!”

十、如何加入新教育?

加入新教育之前，必须对新教育有所了解。了解的途径有三：一是阅读有关书籍；二是浏览相关网站；三是关注新教育的微信公众号。

新教育的经典著作，无疑是朱永新老师的《新教育》(2014 年修订)。本书全方位阐释新教育实验的理念和观点、方法和步骤，展示美好愿景，解答疑难问题，是新教育实验的入门向导，是新教育实验的经验总结，更是教师改变生活方式、发现自我、创造价值的行动指南。

教育在线（http://www.eduol.cn/）是新教育实验的网站，该网站有博客、论坛，还有新教育网络师范学院。教育在线网站集中了许多从事新教育实验的一线教师，特别是新教育榜样教师的专题帖，展示他们鲜活的原生态新教育生活。

守望新教育（微信号：swxjy_cdq）是新教育的微信公众号，通过它可以非常及时便捷地了解新教育实验的相关知识和最新动态。

对新教育实验有了一定的了解后，可根据本区域或学校的实际情况，决定是否愿意和能够参与进行实验（包括实验个体教师）。实验学校的申请审批一般分为两个阶段，即实验加盟区、校阶段和实验区签署协议阶段，实验校挂牌阶段。

有意加入新教育实验的区域可直接与新教育研究院洽谈，接受研究院安排的新教育专题培训；学校则填写《新教育实验加盟校实验申请表》并提交新教育研究院课题管理中心备案。有意加入实验的区、校经过新教育研究院确认，即被视为参与实验，成为新教育实验加盟区、加盟校。加盟区、校每年定期向新教育研究院课题管理中心提交实验计划和实验总结报告。对于加盟区、校，新教育研究院将定期寄发实验简报和其他实验材料，并欢迎参加由新教育研究院组织和推荐的新教育实验的各种培训和研讨会等。

新教育重视实验的记录和实验材料的积累。所有参与实验的学校，从参与实验时起，要立即在教育在线网站论坛的“新教育实验区、校、个体”版块建立实验专题帖，以便接受新教育研究院实验研究与管理团队实验观察评定，并参与实验研讨和交流。

如果是单个的老师想加入新教育实验，不需任何手续，只需根据自己和所在学校以及班级的实际情况，照着新教育理念实施相关的行动，比如开展新教育阅读，开发新教育课程，缔造完美教室，等等，就像我前面所说的敖双英那样去做。但是，也要在教育在线网站建立实验专题帖，一方面接受新教育研究院与管理团队的观察与评定，另一方面也以这种方式与更多的新教育教师交流，在互相学习中彼此激励。

2015年7月17日

新教育实验如何在一个学校起步?

作为一个以教师成长为起点，以“十大行动”为途径，以帮助新教育共同体成员——教师、学生及其父母——过一种幸福完整的教育生活为目的的教育实验，十余年来，新教育影响和改变了中国许多中小学校的教育，让越来越多的师生开始体验到教育生活的幸福与完整，成为中国素质教育的有效路径之一。

迄今为止，新教育实验在全国已经有 57 个实验区和 3000 多所实验学校。300 万师生的实践与成果已经证明，新教育是点燃教师理想与激情的教育，是唤醒孩子梦想与创造的教育，是让教育生活充满诗情画意的教育，是让教育符合人性并充满人性的教育，是给孩子和教师自己的未来留下温馨记忆的教育。

越来越多的学校想加入新教育实验。那么，作为一所学校，最开始做新教育实验应该从哪里起步呢?

对此，我有四句话的建议：以开展新教育生活为底色，以培养种子教师为引导，以缔造完美教室为抓手，以研发卓越课程为生命。

第一，以开展新教育生活为底色。

所谓“底色”就是走进学校所感受到的一种氛围。一个学校搞了新教育，显然就有着不同于以往或其他学校的氛围。这是一种什么氛围呢? 当然是新教育生活的氛围。

注意，我这里说的是“新教育生活”而不是“新教育实验”。虽然二者在内涵上是一回事，但是我一直认为，尽管作为一个国家级科研课题，新教育是作为一种实验而被列入课题管理的，但它的确应该是一种生活方式。新教育生活体现于以下几个方面——

营造书香校园。这是新教育实验十大行动之一，而且是之首。朱永新老师多次说过：“对于新教育实验学校而言，即使其他行动暂时还没做好，但只要把营造书香校园做好了，那么学校的新教育实验就成功了一半。”

当然，读书并非新教育的发明。几千年来，从有教育那天开始就有了读书。同样，校园开展读书活动也不是新教育的首创，在2000年我们提出新教育实验之前，许多学校就已经在开展有声有色的读书活动了。所以我们不能说，一个学校只要搞了读书活动，就必然是新教育实验了；因为新教育所倡导的“营造书香校园”无论内容还是形式都有着自己的独特性。

新教育研制了专门的阅读书目：中国幼儿基础阅读书目100本，中国小学生基础阅读书目100本，中国初中生基础阅读书目100本，中国高中生基础阅读书目100本，中国教师基础阅读书目100本；逐步构筑了完整的阅读课程体系：中华经典诵读、英语美文诵读、名著阅读等等；还有专门的阅读课程，比如“儿童阶梯性阅读”；我们还对阅读指导课型有专门的研究：主题阅读、绘本阅读、整本书阅读等等；还有读书会的推进与研究：班级读书会、亲子阅读会、教师读书会等等。

近十年来，新教育实验开展的儿童“读写绘”项目受到了广泛欢迎，我们也在实践中总结了许多经验教训。经过重新梳理后，推陈出新，我们推出了“读写绘”的升级版，即遵循儿童的身心发展规律，更为吻合儿童年龄特点、学习特征的新教育“听读绘说”项目——

“听”，是孩子专注倾听父母或老师讲述图画书等故事，理解内容并回答相关问题，这种亲子或师生共读，是集中注意力的训练；

“读”，是孩子在听过之后进一步独立阅读，主动思考，独自深入故事情境，是提升阅读力的训练；

“绘”，是孩子把听过的故事或复述，或接龙，或同主题创作，以涂鸦的方式画出来，是增强想象力的训练：

“说”，是以涂鸦的作品为提纲，孩子用口头语言进行丰富而完整的阐述，是提高表达力的训练。

当然，不同的学校完全可以根据实际情况有自己的创新。如果我们走进一所学校，新教育阅读活动开展得有声有色，书香气息扑面而来，我们就会感到一种“新教育味道”。

“晨诵、午读、暮省”，这是新教育实验的一门生活化课程。既然是生活化的课程，那么它同时也就是一种回归朴素的儿童生活方式。在这里，课程与孩子的日常生活相交织，把教育点点滴滴地浸润进孩子的生命，让师生的每一个日子都充满了意义和情趣。

朱永新老师曾这样解释道：“晨诵就是与黎明共舞，让朗诵诗歌开启一天的学习；午读就是让学生们阅读属于他们自己年龄段的童书；暮省就是学生每天在完成学业以后，用随笔和日记等记录每天的生活，并与老师相互编织。”

所谓晨诵，不是一般意义上的早读课或者经典诵读，而是一个整合了古典诗词、儿歌与儿童诗、现代诗歌的复合课程。其意义不在于学生死记硬背了多少古诗，而是在于让孩子们在每天的黎明时分与诗歌共舞，让他们的生命在每天的第一时间被诗情点燃，从而拥有了一份阳光的心情，由此开启一天的学习。晨诵的主要形式有晨间诵诗、日常诵诗、生日赠诗和情境诵诗等等。

所谓午读，顾名思义就是在中午固定时间内的阅读，但这里的阅读并不是漫无目的的浏览，新教育所提倡的午读更多的是引导孩子阅读属于他们自己的童年书籍。

午读应符合不同年龄阶段学生的不同特点。在低年级（一至三年级），我们倡导读写绘结合，用阅读图画书、讲故事、图画表达与创造相整合的办法，让低幼儿童的学习力与创造力得到自由的发挥。在中年级（三至四年级），儿童开始逐步从绘画中淡出，加大文字阅读量；结合讲故事，加大整本书的主题探讨，并开始进行故事与人物传记的阅读。到了高年级，在共读方面我们则主张以主题探讨为主，加大自由阅读的量；加入自然科学方面的阅读；将阅读与儿童文学创作相结合。在许多推行新教育实验的学校，这种有针对性的阅读呈现出非常明显的“治疗效果”，许多儿童都开始自觉地远离电视，远离游戏，精神面貌有了明显改善。

所谓暮省，指的是傍晚放学前对一天学习生活的回顾与反思。曾子有“三省吾身”：“为人谋而不忠乎？与朋友交而不信乎？传不习乎？”陶行知有“每天四问”：“第一问：我的身体有没有进步？第二问：我的学问有没有进步？第三问：我的工作有没有进步？第四问：我的道德有没有进步？”新教育实验所倡导的暮省，正是试图培养孩子及时自我反思的人生态度，而反思的载体就是写作。

但是，这里的写作，不是语文课给学生布置的作文，而是孩子自由自在的心泉流淌——比如日记，比如随笔，以及低年级的“读写绘”，等等。不过，作为暮省载体的写作，虽然自由自在却并非漫无主题，而是以成长为中心，反思自己一天的进步或遗憾，以及对第二天取得进步的预期。这种暮省，既是一种积极的生活态度，也是一种健康的成长方式。

每月一事。“教给学生一生有用的东西”，是新教育最重要的理念之一。什么是“一生有用的东西”？毫无疑问，是伴随终身的良好习惯。但这里的“教给”显然不是说教，因为既然是习惯，必然是一种实践与体验。而每月一事正是让孩子们在生活实践中养成一生有用的好习惯。

所谓每月一事，就是每个月通过训练学生做好一件事，来培养一个好习惯。朱永新老师说：“从微笑开始，学会交往；从打球开始，学会健身；从吃饭开始，学会节俭；从演说开始，学会表达；从走路开始，学会规则；从植树开始，学会公益；从日记做起，学会毅力；从唱歌开始，让学生热爱艺术……”

目前，新教育实验学校每月推进的一件事是——

1月：吃饭（节俭）；2月：走路（规则）；3月：植树（公益）；4月：踏青（自然）；5月：扫地（劳动）；6月：唱歌（艺术）；7月：玩球（健身）；8月：问候（交往）；9月：阅读（求知）；10月：家书（感恩）；11月：演说（口才）；12月：日记（自省）。

上述所列每一件具体的事后面的括号里，都是所要形成的理念、品质和习惯。每月一事的推进，并不只是让学生机械而单调地做某件事，而是伴随着丰富多彩的主题教育活动。比如相关的主题阅读：美文（诗歌、散文等）、整本书等等；还有相关的主题展示：征文比赛、板报比赛、演讲比赛等；以及相关的主题反思：反思伴随全过程，师生、家长共同评价，等等。

需要特别说明的是，每个新教育实验学校当然不只是让孩子做这12件事，因为人一生需要养成的好习惯远远不止这12种。只要有助于培养学生一生有用的好习惯，什么实践活动都可以作为每月一事来推进。

新教育生活当然还不只是上面所说，但在起步阶段，新教育实验学校能够把上面几点做好，整个学校就有新教育的气息了。

第二，以培养种子教师为引导。

对一所学校而言，最终都应该让所有教师参与新教育实验。但任何一所学校，在推进新教育实验之初，都不可能所有人同时在一个层面做新教育，总有人先行一步，或走得快一些。作为管理者，也应该允许有老师暂时看一看，想一想，等一等。如果学校强制所有教师齐步走，最后的结果只能是逼着有些老师敷衍应付，搞形式主义甚至弄虚作假。

明智而可行的做法是底线加榜样，这是许多学校在做新教育实验之初的行动策略。所谓“底线”，就是常规，就是全校老师都可以做到的事和必须遵守的规则。对一个普通老师来说，如果暂时无法缔造完美教室，他可以参加学校的营造书香校园的活动，可以在教学中逐步渗透新教育理念并探索“理想课堂”，可以加入专业阅读的行列以提高自己的新教育素养，还可以参加所在班级的一些新教育活动，等等。而榜样，则是少数（最初甚至只有几个）新教育理念的坚定认同者和先行者。他们比一般老师率先承担着诸如“缔造完美教室”“研发卓越课程”等项目。对于一般老师来说，不承担具体项目，学校不会批评，因为学校没有强行要求；但对于做了具体项目的老师来说，学校则应该表扬和奖励。所谓“不做不批评，做了要鼓励”。

榜样当然不是一开始就成为榜样的，他们最初是学校新教育的种子教师。学校管理者要善于在一个学校发现、选拔并有意识地培养一批种子教师，让他们成为新教育实验的“领头羊”。我们特别提倡以招募志愿者的方式招募种子教师。这样，能够保证新教育种子教师都是发自内心愿意做新教育的理想主义行动者。

在成都市武侯新教育实验区，我们招募种子教师的条件是——

1. 富有童心，有着高度的职业认同，具有教育理想主义情怀；

2. 对教育教学有较强的理解能力、研究能力、领悟能力和专业功底；

3. 长期扎根在讲台与班级，发自内心喜欢上课和带班，有教育智慧；

4. 喜欢阅读，有一定的教育理论素养和人文视野；勤于反思，有一定的写作能力；

5. 能够耐住寂寞，不为流俗所动，关注自身的专业发展，追求过一种幸福完整的教育生活。

以上五个条件，我认为最重要的是第五条，特别是“耐住寂寞”四个字，这是一种教育定力。这样的定力，让新教育种子教师不计较，不抱怨，不苟且，一心一意做自己选择的事。他们完全把教育当作自己的事，是与自己生命融为一体的事。教育，不是外在的强迫，而是自己的选择；不是为别人做，是为自己做。新教育也是如此。唯有这样，种子教师才有可能成长为榜样教师。

伴随着种子教师的先行一步，学校要及时点点滴滴地总结他们的经验或者教训，随时帮他们调整和完善，同时还要不断为他们搭建平台，让他们言说自己的探索实践，比如每次全校教职工大会，都可以安排种子教师讲自己的故事，用一位老师的行动去感染更多的老师，让一个老师的行为成为更多老师的行为。这就是种子，这就是榜样。

一个学校，如果有几个或一批新教育种子教师先导，如果他们做得有声有色，这个学校的新教育实验便有点模样了。

第三，以缔造完美教室为抓手。

我越来越觉得，作为新教育实验的十大行动之一，缔造完美教室是一个学校和一个老师做新教育实验最容易也最有效的切入点。看一个学校有没有完美教室，是我们判断一个学校是否在做新教育的重要标准。如果说，一下子在全校推进新教育的所有行动还比较困难的话，那么新教育十大行动完全可以在一间教室里呈现。如果一个学校哪怕只有几个老师在做完美教室，那么我们也可以说这个学校是在真做新教育。

什么是缔造完美教室？朱永新老师说：“‘缔造完美教室’，就是在新教育生命叙事和道德人格发展理论的指导下，利用新教育儿童课程的丰富营养，晨诵，午读，暮省，并以理想课堂的三重境界为所有学科的追求目标，师生共同书写一间教室的成长故事，形成有自己个性特质的教室文化。”

完美教室之“教室”，显然已经不同于我们一般所说的物理意义上的教学空间了。教室，在这里是一种借代，代指班级；或者说是一种象征，象征着一群人共同生活的一段历程。缔造完美教室，强调的是一种班级文化的建设，一种集体精神的滋养，一种幸福完整的生活。

曾经有老师问我：“我们平时建设优秀班级，是不是也是在缔造完美教室呢？”应该说，完美教室当然是优秀班级。但是，二者相比，后者的“优秀”更多的是外在的标志：流动红旗呀，活动奖状呀，班级荣誉称号呀，等等；而前者的“完美”更多的是内在的感受：温馨、诗意、情趣、浪漫……也就是说，和一般的优秀班级相比，完美教室还多了一份文化的自觉追求，多了一份诗意的主动营造，多了一份浪漫的生活情趣，多了一份潇洒的心灵舒展……

可能还有老师有疑问：“‘完美教室’说得太绝对了吧？世界上哪有完美的东西呢？”其实，准确地说，完美教室含义不是“完美的教室”，而是“不断走向完美”的“教室”。完美，是一种朝向，而且是一个没有止境的追求；幸福才是目的。

新教育实验的完美教室有自己特有的元素：自设的班级标志、自创的班级文化、自订的班级制度、丰富的经典书籍、多彩的班级活动、鲜活的生命叙事、丰富的班本课程……

苏霍姆林斯基说：“我希望尽可能充分地满足孩子们多种多样的兴趣和企望。换句话说，我希望使孩子们生活和学习得有意思。”新教育倡导缔造完美教室，就是要“充分地满足孩子们多种多样的兴趣和企望”，让我们的孩子“生活和学习得有意思”。

一个教师和一群孩子以一间教室为精神家园，度过一个又一个富有诗意的日子。在完美教室里，教师编织着故事，创作着童话，缔造着传奇，导演着大片。有快乐，有收获，有故事，有成长，便构成了完美教室的生命。

通过及时推出一个又一个完美教室，为种子教师及所在班级提供展示成果的平台，让完美教室缔造者的幸福感染周围的老师……一个完美教室必将带动更多的教室，这是不可逆转的新教育进程。因此，学校鼓励和扶持种子教师缔造完美教室，就是最实实在在地做新教育。

第四，以研发卓越课程为生命。

任何教育理念都必须以课程为载体，才富有生命力。没有具体的课程，再好的教育理念都是水中月镜中花。因此，研发卓越课程也是新教育的重要行动之一。任何搞新教育的学校，一开始就应该研发卓越课程。当然，这里的课程，既可以是学校层面的，也可以是班级层面的。

需要说明的是，卓越课程的意思不是“完美的课程”，更不是“无懈可击的课程”，而是“为儿童未来走向卓越而准备的课程”。

现有的传统课程，本来也应该是为孩子全面发展设置的，但在应试教育猖獗的今天，孩子的发展越来越畸形。而儿童课程的开发，就是为了让他们的触觉更加灵敏，想象更加奇妙，心灵更加丰富，情感更加充沛，视野更加开阔，意志更加坚韧，思想更加自由……最终成为一个卓越的人——公民和劳动者！

学校如何组织老师们研发卓越课程呢？我以成都市武侯实验中学附属小学为例。该校研发卓越课程，采取的是“四步走”——第一步，专家引领：先后请了郭明晓、张硕果、童喜喜、常丽华、时朝莉、敖双英等全国新教育专家和榜样教师来学校做培训；第二步，榜样先行：鼓励并扶持包虹婧、王玉梅、杨芳、钟丽等种子教师开发课程，带动其他老师；第三步，全员参与：所有教师都参与开发儿童课程；第四步，自主开发：每个老师根据自身情况开发不同的课程。

在第四步自主开发阶段，该校严格按照定题——申报——审定——课程实验——课程评价——课程调整这样的程序，对老师们的课程进行了论证、实验和调整，分语文、数学、英语、美术、音乐、科学、体育等学科。老师们结合自身所教学科特色和自身爱好特长，再综合学生实际情况从艺术、阅读、手工、能力、智识、健身、实践、科普、旅游、棋类、制作、乐器等知识领域出发，开发了唱唐诗、兴趣魔方、十字绣、象棋入门、彩纸童年、手鼓舞、陶艺、乒乓球、经济课程等等让学生兴趣盎然的课程，最终共形成了各具特色的课程 64 门。

卓越课程的开发极大地激发了孩子们的学习兴趣，拓展了他们的视野，培养了他们的能力，更重要的是，老师们从中也发现了自己，重新唤醒了自己的教育激情，并得以成长。这里举几个老师的例子——

年轻的杨芳老师在班上开设了“舌尖上的四川”饮食文化课程。一个二十多岁的小姑娘，她能给孩子们讲授得了四川的饮食文化吗？不要紧，有家长呢！她把家长发动起来参与这门课的讲授——这周讲回锅肉，下周讲蛋炒饭，接下来讲抄手，还有冒菜等等。每次都请家长里的一位高手，不光讲理论，还把锅碗瓢盆和炉子搬到教室，现场操作。孩子们兴奋得不得了。既懂得了四川饮食文化，又学会了做川菜的技能。杨芳老师这样总结道：“我们班的饮食文化课程旨在介绍中国饮食的起源与发展以及饮食的基本习俗、礼仪、规范等内容，同时让学生亲自体验美食的制作过程，使学生增长见识，扩大视野，接受中国优秀饮食文化的熏陶，丰富课堂生活。”

包虹婧老师为三年级的孩子开设了三国课程。我开始还不理解，三年级的孩子读得懂《三国演义》吗？为什么不让他们读《西游记》呢？结果，富有智慧的包老师把这门课开得有声有色。原来，她并不是像我想象的那样，让孩子直接读《三国演义》，而是以《三国演义》为资源库，提取出一门又一门的课程，比如，三国成语、三国诗词、三国脸谱、三国课本剧、三国手抄报、家乡的三国传说……一学期一门课，从三年级一直开到六年级呢！包老师后来这样说："我从来没想过自己还会这样读《三国》，更不敢想象还带着48名孩子一起读《三国》，然而现在我们做到了。在'萤火虫教室'里我们一起晨诵三国诗词，一起午读走进三国人物世界，一起暮省分享着当天的收获与喜悦。我们创造着幸福，也享受着幸福。从不可能到可能，从不敢想到敢做，这不正是我们的成长吗?"

抓卓越课程的研发，就抓住了新教育的根本。因此，无论是一所学校，还是一个班，有了卓越课程就有了新教育的生命。

新教育实验的内容很丰富，要做的事很多，显然不止上面四个方面。但作为一个刚刚开始准备做新教育的学校，先把上面四点做好了，学校的新教育实验就有了一个良好的开端。

最后我想强调的是，新教育是真教育。我们做新教育不是为了彰显特色，不是为了打造品牌，不是为了提升形象，不是为了扩大影响……而是为了我们每天面对的孩子的未来，为了我们自己的职业幸福。所以，一切形式主义的装潢门面，都是新教育的死敌；一切与教师和孩子成长幸福没有联系的"新教育"都不是真正的新教育。当然，新教育真正做好了，特色、品牌、形象、影响自然而然会不请自到，但这是一种意外的收获。如果有当然好，即使没有也不要紧。最近，我在成都市马家河小学和新教育种子教师座谈，我问："你们认为新教育对你们最大的益处是什么?"毛清慧老师毫不犹豫地笑着说："我的成长!"其他老师也纷纷点头："是的，我们的成长!"我当时非常感动。这些年轻的新教育老师还没有"特级""名师"之类的"荣誉"，然而没关系——"天空中没有翅膀的痕迹，但我已飞过"（泰戈尔）。

2015年12月9日下午到傍晚

朝向完美，走向幸福
——我理解并实践的完美教室

新教育实验的发起者朱永新老师说——

> “缔造完美教室”，就是在新教育生命叙事和道德人格发展理论的指导下，利用新教育儿童课程的丰富营养，晨诵，午读，暮省，并以理想课堂的三重境界为所有学科的追求目标，师生共同书写一间教室的成长故事，形成有自己个性特质的教室文化。

我说——

完美教室之“教室”，显然已经不同于我们一般所说的物理意义上的教室了。教室，在这里是一种借代，代指班级；或者说是一种象征，象征着一群人共同生活的一段历程。缔造完美教室，强调的是一种班级文化的建设，一种集体精神的滋养。在这样的环境里，每一面墙壁，每一张课桌，每一把椅子，每一个物件，都打上了浓浓的主观性——表达着高远的追求，洋溢着高雅的气质，蕴含着高尚的灵魂，彰显着鲜活的生命。

全面地阐述完美教室的元素，我们可以罗列出诸如“自创的班级文化”“自订的班级制度”“自生的班级课程”“丰富的经典书籍”“多彩的班级活动”等等；说起完美教室，我们会自然想到班名、班训、班歌、班徽等一系列外在的文化符号——这些当然是需要的，但还不是完美教室最核心的要素。

我想从另一个朴素的角度说：完美教室，有快乐，有收获，有故事，有成长……

一、完美教室有快乐

人们常用“金色年华”来描述孩子的童年和少年，描述孩子的学生时代。这个“金色年华”的含义中，自然包括快乐。

但是，现在的学校生活、班级生活，对孩子来说快乐吗?

以前我住在学校，每年高考的最后一天晚上，我站在阳台上，总能看到操场对面学生宿舍前火光冲天，还伴随着阵阵欢呼。那是刚刚考完最后一科的高三毕业生们在烧书，他们以这种方式庆祝他们“赢得解放”与“获得自由”，欢呼那值得诅咒的日子终于一去不复返了！看着火光映照着的一张张年轻而狂喜得有些扭曲的脸，我不禁想，十二年前，同样是这样一群人，他们将跨进小学的头一天晚上，该是怎样的兴奋——明天就要进小学了，从此就是学生了啊！小书包放在枕边，看了又看，摸了又摸，就是睡不着。妈妈一遍遍地催促：“孩子，快睡了吧！明天好早点去学校报名。”孩子可能才勉强闭上眼睛，可心里还憧憬着美好的明天。然而，十二年过去了，他们怎么如此仇视自己曾经那么向往的校园生活呢？难道孩子天生就不爱学习吗？我们只能说，是我们那没有快乐的教育，让他们仇视教育。

很多年前，我曾写过这样一段话：“对于一个具体的孩子来说，‘教育’意味着什么呢？我认为，首先意味着让他成为一个现在就感到快乐的人。需要解释一下：这个‘快乐’显然主要不是指吃得好穿得好，甚至也不仅仅是指成才以后可以谋得一份好职业，以便过上好日子，而是孩子在受教育的过程中，不仅充分体验到求知的快乐，思考的快乐，创造的快乐，成功的快乐，而且还充分体验到纯真友谊的快乐，来自温暖集体的快乐，来自野外嬉戏的快乐，来自少年天性被纵情释放、青春的激情被随意挥洒的快乐……”

所谓完美教室，就是要还教室以这样的快乐。

教室里的快乐是多方面的，但我这里想着重强调活动的快乐。没有活动便没有集体。一间教室如果除了上课便是考试，是不会让学生有任何快乐的。班主任善于组织（或引导学生自己组织）各种生动有趣、寓教于乐的活动，最能使学生心灵激荡，个性飞扬。班级活动，就内容而言可以涉及德、智、体、美、劳各个方面；就形式而言可以是学习交流、思辨讨论，可以是游艺娱乐、文艺表演，可以是体育竞争、劳动比赛，可以是社会调查、远足郊游……一次又一次花样翻新、妙趣横生的活动，使班级内始终充满生机并对学生保持着一种魅力。历届学生来看我，说得最多的是当年的各种活动，以及这些活动带给他们的永远的快乐记忆。

一位毕业多年的学生在其博客上这样回忆他在我班上生活的快乐——

> 我不知道怎样写才能最真切地诉说那段诗一般美丽的日子。毕业离开李老师这么多年来，那段日子常常在我脑海中浮现。李老师常常带我们出去郊游，每次郊游，他总是像一个大孩子一样坐在我们中间，女生们把花篮戴在他头上，男生们跟他摔跤、掰手腕……在认识李老师之前，我只在电视上看过这样欢乐的场景，从来没有想象过还有这么融洽而没有距离的师生关系，而它居然会出现在我的生活中！

这种快乐，不正是我们应该给孩子留下的记忆吗？而这样的记忆，不正是我们的教育应该给孩子创造的精神财富吗？

二、完美教室有收获

刚才说了，完美教室必须有快乐，但仅仅有快乐又是不够的。校园毕竟不是公园，教室毕竟不是游戏厅。伴随着快乐，孩子必须还要有收获——知识的收获、能力的收获、人格的收获、阅历的收获……

孩子的收获，必须通过课程来实现。课程是实现教育最主要的载体。国家统一的义务教育课程，当然是孩子获取知识、培养能力的主要途径。但针对不同地域、不同年代、不同学校、不同班级、不同学生，我们完全应该并且能够开发出更符合具体实际的课程。比如新教育实验已经比较成熟的“毛虫与蝴蝶”儿童阶梯阅读课程，“晨诵、午读、暮省”课程，读写绘课程，童话剧课程，等等。我们更提倡每一个完美教室的缔造者——以班主任为核心的教师团队，能够根据自己的教育理念、人文视野、科学素养、文化储备，针对学生的特点，开发班本课程。

回忆我（二十世纪）八十年代的未来班，说实话，那时课程意识并不特别强烈，但我还是非常粗糙地为学生开设了社会调查课程、音乐欣赏课程、旅游课程、阅读课程。那时候我并没有多么深刻的理论思考，只是觉得统一的课程还不足以表达我的教育意愿，或者说，相比起我认为的学生成长的需要，统一的课程还有不少缺陷甚至空白，于是，我便“缺什么补什么”地开设了上述课程。

社会调查课程，用现在的话来说，差不多就是综合社会实践课程。我有意识地设计了全班的社会调查内容、形式、规模，每个月都至少让孩子们利用一次周末的时间，以小组为单位走上街头，走进工厂，走向田野……关注改革热点，了解民意社情，采访市长官员，感受万家忧乐。每次回来都要写调查报告，并在班上交流。

音乐欣赏课程，分为三种形式：一是“每周一歌”，我精选一些经典的儿童歌曲，亲手刻印成歌单，发给孩子们，并教他们唱；二是“名曲讲座”，我根据自己阅读的《中外名曲鉴赏辞典》，用老式唱机给孩子们播放名曲并讲解《梁山伯与祝英台》《莫扎特小夜曲》《卡门序曲》等等；三是“口琴乐团”，我让每个孩子买一支口琴，然后我教孩子们吹奏，这样，我们班的口琴乐团便诞生了，平时自娱自乐，每逢节日便登台演出。

旅游课程，通俗地说，就是我带着学生到野外玩儿：星期天、节庆日，还有寒假和暑假，都是我和学生一起玩儿的时候。近到郊外的一片山坡、一块草坪、一丛树林，远到云南、重庆、贵州，都留下过我们的足迹和笑声。我曾与学生站在黄果树瀑布下面，让飞花溅玉的瀑布把我们浑身浇透；我曾与学生穿着铁钉鞋，冒着风雪手挽手登上冰雪世界峨眉之巅；我曾与学生在风雨中经过八个小时的攀登，饥寒交迫地进入瓦屋山原始森林……每一次，我和学生都油然而生风雨同舟之情，同时又感到无限幸福。这种幸福不是我赐予学生的，也不是学生奉献给我的，它是我们共同创造、平等分享的。

阅读课程，就是每天中午，我和孩子们共读一本书。《青春万岁》《烈火金刚》《爱的教育》《红岩》《钢铁是怎样炼成的》，还有舒婷的诗歌、路遥的小说、刘宾雁的报告文学……陪伴着我们度过了无数美妙的时光。这不是我语文课的简单延伸和补充，而是给学生打开一扇扇文化的窗口，文明的窗口。

这些课程带给孩子的是人性的滋养，心灵的擦拭，情感的陶冶，思想的点燃——这就是收获。

三、完美教室有故事

那天和朱永新老师聊天时，他不经意说了一句话：“一个孩子，一个日子，这就是教育。”这让我怦然心动：是呀，呵护每一个孩子，善待每一个日子，不就是我们的教育吗？

孩子和日子，便构成了完美教室的故事。

美国2009年国家年度教师托尼·马伦发表的获奖感言是这样的：“最优秀的教师有一个共同的品质：他们知道如何读懂故事。他们知道走进教室大门的每一个孩子都有一个独一无二、引人入胜但却没有完成的故事。真正优秀的教师能够读懂孩子的故事，而且能够抓住不平常的机会帮助作者创作故事。真正优秀的教师知道如何把信心与成功写入故事中，他们知道如何订正错误，他们希望帮助作者实现一个完美结局。”

我曾在拙著《每个孩子都是故事》一书的序言中引用了这段话，并做了这样的阐释——

> 在生命的河流里，教师走进了孩子的故事。这个故事如河流一样不可逆转，而且每一天的风景都不可预知——或令人欣慰，或令人惊叹。故事的原创是孩子，但编辑是教师。如托尼·马伦所说，教师帮助孩子“把信心与成功写入故事中”，为孩子“订正错误”，并“帮助作者实现一个完美结局”。
>
> 在这里，孩子和教师已经通过教育融为一体——帮助孩子成长，也是帮助自己成长；丰富孩子的生命，也是丰富自己的生命；成就孩子的未来，就是成就自己的未来。这种师生之间的互相依存又是以故事的方式呈现出来的。从某种意义上说，教育就是和孩子一起编织师生的生命故事，并追求一个“完美结局”。
>
> 孩子每一天的故事都不可复制，教师每一天的生命也不可重现。教育的严酷与责任都在于此。读懂孩子，并和孩子一起愉悦而谨慎地编织故事，让教师和孩子的生命互相映照，这是教育的意义和幸福所在。

在一间教室里，围绕着一个个孩子，将会有多少故事发生啊！一桩桩、一件件，便汇成了一个班的“青春大片”——或扣人心弦，或催人泪下，或妙趣横生，或耐人寻味……主演是孩子，导演便是教师。

回忆我三十年的班主任经历，我的脑海里闪过一个又一个幸福班级，一间又一间完美教室。那个周末，我和孩子们背着背包，用我们的双腿丈量美丽的成都平原，我设计的代号为“南下风暴”的军事游戏，让孩子们青春的身影跃过竹林，跃过田埂，越过一片又一片金色的油菜花；那个周二，我带着孩子们把语文课搬出校园，搬进农贸市场，让他们用笔描绘往来行人的举手投足、音容笑貌，后来突然下暴雨了，孩子们躲在街边屋檐下，继续观察着雨中的街景；那一次全班同学瞒着一个贫困同学悄悄为他捐款，然后我和同学们翻山越岭，来到他家所在的小山村，我们远远地看着他在地里干活，便在田埂上站成一排，呼喊着他的名字，然后看着他惊讶地抬起头，继而眼泪夺眶而出；还有那一个晚上，我们在大渡河畔支起帐篷，点燃篝火，唱歌跳舞，彻夜狂欢，为三年的初中时代画上了一个辉煌的惊叹号……每每想起这些人，我便心潮澎湃；常常记起这些事，我便热泪盈眶。当然，还有一本本班级史册、一张张黑白照片，以及一直传唱到现在的班歌《唱着歌儿向未来》……这一切便构成了孩子们的故事和我的传奇。

没有故事的教室，便如同没有色彩的花朵、没有树叶的森林，自然谈不上完美；没有传奇的教育，如同没有情节的电影、没有冲突的戏剧，当然谈不上幸福。任何一个普通教师，如果能够把平凡故事变成一部不朽的传奇，他便成了一个伟大的导演！

四、完美教室有成长

在完美教室里，一个又一个日子在不停地流逝，当一千个日子或两千个日子过去之后，生命便丰盈起来。这里的“生命”，显然不只是指生理上的，更是指精神上的。如果只是指前者，那是一个自然过程，有没有教师，孩子都会一天天长大；但对精神成长而言，这便直接和教师有关了。

我们经常用“善待”“呵护”“陪伴”“引领”“关怀”等词来表述教师对孩子成长的态度。其实，这里的成长不但是师生共同的，而且是互相促进的。也就是说，“善待”“呵护”“陪伴”“引领”“关怀”这些词同样可以用来描述孩子对老师成长的作用。只不过教师对学生的成长促进是主动的、有意识的，而学生对老师的成长促进是被动的、无意识的。但成长本身是共同的，而且是同时发生的。

我有一个叫胡夏融的学生，毕业十年后，在网上写了一篇文章，题目是《善良：李老师对我最大的影响》。文章这样写道——

现在回忆起来，那段时光是我人生中非常宝贵的经历。是李老师改变了我，告诉我，也告诉大家，“让人们因为我的存在感到幸福”，是李老师告诉大家，让我们的心中充满爱与关怀，孝敬爹娘，爱护弟妹，关爱他人，乐于奉献……

在我的记忆中，初2000届三班就是一个家，同学们就是这个家的孩子，李老师就是这个家的父亲。在这里，没有冷漠，没有孤独，没有自私自利，没有钩心斗角，处处充满了帮助，充满了温馨，充满了真心的祝福和鼓励，充满了团结和友爱，大家同甘共苦，共同进步……

李老师既是我们的好老师，更是我们的好朋友，他对我们很好很好，我们所有人都喜欢他，那个时候在我心中，这个世上没有比他更好更温暖的人了……一直以来，我都以作为李老师的一名学生而感到自豪，甚至后来我还一度质疑自己从事科研工作是否真正有意义，因为我一直认为，做科研所发表的论文和承担的项目比起李老师对人的成长关怀来讲显得太微不足道了。

孝敬爹娘，爱护弟妹，尊敬师长，友爱同学，让人们因为我的存在而幸福，这是李老师十年来给我留下的最最宝贵的精神财富。李老师对我的教育已经融入了我的血液，不论这个世界如何改变，我始终相信，爱和善良是世间最美好的品质，真挚的情感永远值得我们去歌颂……

十多年前，胡夏融是我班上的一个学生，当时我正在写《心灵写诗》，该书有一节题目叫《从胡夏融处学宽容》，我有这样真诚的文字——

两年来，胡夏融多次对别人说他“非常崇拜”我，但我实在愧对这份“崇拜”。我不止一次地在班上真诚地说过：“胡夏融是我的老师！”的确，胡夏融以他的正直、善良，更以他的宽容，不但感动了全班同学，凝聚起大家对集体的感情和责任心，而且也感染了我。作为他的班主任，我常常以他为镜子，由衷地向他学习。每当遇有同学犯错误而忍不住想大发雷霆时，我就提醒自己：如果是胡夏融遇到这样的事，他会怎么处理呢？

每带完一个班，看着孩子们在知识、能力、人格等方面的进步，我会问自己：我有什么进步呢？我的教育智慧是否更加丰富？我的教育技能是否更加娴熟？我的教育情感是否更加充沛？我的教育思考是否更加深刻？我的教育良心是否更加纯净？我的教育视野是否更加开阔？等等。

陪伴着孩子们成长，同时自己也在成长，才是真正的教育幸福，这是完美教室的最高境界。

有快乐，有收获，有故事，有成长，便构成了完美教室的生命。

因此，所谓完美教室，就是师生共同度过的一段快乐生活，一起走过的有诗意的日子。完美教室的核心理念是幸福。完美，是一种朝向；幸福，才是目的。

因此，完美教室也可以叫作“幸福班级”。

2012 年 7 月 16 日

在新教育中成长

今天，我校举行新教育开放日活动。来自全国各地的代表参加了我们的活动。上午是课程展示，下午是经验分享，六位老师和一位家长发了言。最后由我讲话。下面是我追记的讲话内容——

我今天讲话的题目是《在新教育中成长》。

首先我想给大家讲讲我多年前见到的一个场景。那时候我住在学校，宿舍阳台下面是操场，操场对面是男生宿舍。每年7月9日晚上，也就是高考最后一科考完之后，我站在阳台上，总能看见对面宿舍楼前的空地上火光冲天，那是刚刚考完的高三毕业生们在烧书。火光映照着一张张兴奋得扭曲的脸，他们欢呼着，同时也诅咒着，欢呼着一个时代的结束，诅咒着那段一去不复返的黑暗时光。我想，十二年前，这些孩子在进小学的前夜，是怎样的兴奋？怎样的憧憬？明天就要读书了，就是学生了，小书包放在枕边看了又看摸了又摸，就是睡不着。妈妈催促着：“孩子，快睡吧！明天早点去报名。”但没用，孩子依然兴奋地睡不着。现在十二年过去了，为什么他们当年憧憬的日子，今天却欢呼它的结束？可见这段日子没有给他们留下快乐，有的，只是不堪回首。

由此我想到一个朴素的问题：什么是好的教育？

我的回答是，好的教育应该既有意义，又有意思！

有意义，是站在成人的角度，即站在教育者的角度说的——我们的责任、我们的使命、我们的培养目标、我们的教育理想、文化的传递、文明的传承等等，都是教育应该有也必须有的意义，失去了这些意义，也就是失去了教育。

有意思，是站在孩子的角度说的——好玩、有趣、浪漫、妙趣横生、其乐无穷……这也是教育应该有的。

所以说，好的教育，就是既有意义又有意思的教育。

新教育就是这样的教育。

说到对新教育的理解，我想到我刚到这学校来做校长时给老师们讲的几段话。我说：第一，新教育实质上是给孩子一个充满诗意的童年，让学生懂得并学会抒情。当代人的确已经不会抒情了，也不愿抒情了。作为人的丰富多彩而且细腻柔软的心灵世界正在渐渐远离我们，我们正在向诗情画意告别。而新教育正是要给孩子一个饱满的、充盈的情感世界，让他们的童年和诗相伴，让他们懂得并学会抒情！我们做新教育，无非就是培养具有书卷气的人。现在一年级的孩子，六年后上了中学，不管他是在武侯实验中学，还是棕北中学，或是其他什么中学，与他班上其他小学毕业的孩子比，他的视野要开阔一些，他就是比别人更敏锐，更容易感动，更容易心潮起伏，这就是我们所说具有丰富精神世界的完整的人。因为他小学曾经享受过新教育生活。第二，把新教育当作自己的生活方式和成长方式。这话的意思是，我们做新教育，不仅仅是给孩子一种诗意生活，而首先是给我们自己一种诗意生活。我们不但要通过新教育给孩子以积极的影响和改变，而且还要追求对我们自己有什么影响和改变。也就是说，新教育首先应该改变我们。我来这里做校长，究竟给老师们带来了什么？有老师会说，带来了更多的事儿，带来了更多的压力。好，如果真是这样，就对了！现在的事情应该比过去多了，因为新教育显然有很多以前没做过的事需要我们去做，但这是我们自己的需要，而不应该是别人的强迫。做这些累不累？关键要看心态。因为紧张，所以充实。每天的忙碌，就是成长的过程。第三，继续有创造性地做新教育。我们还要继续学习常丽华老师、敖双英老师，但同时还要继续创造性地搞新教育，包括开发新的新教育课程。开发新的课程并不神秘，“在农历的天空下”，无非就是常丽华老师在教孩子吟诵诗歌的时候，按农历节气对有关诗歌进行了新的编排，一门新的课程就出来了。大家想想，我们成都也是一片充满诗歌的土地，在我们脚下，千百年来留下过多少诗人的脚印？李白、杜甫，还有现代的郭沫若、流沙河等等，如果我们以“成都诗歌”为线索让孩子们读诗，这不又是一门本土课程吗？刚才还有老师谈到，我们学校是武侯实验中学附属小学，那么给孩子们开发一门有关武侯文化的课，不也是一种创新吗？还有影响家长的途径、培养口才的方式等等，都可以开发出新的课程。又比如，教孩子写一句诗，也可以是一门课程。其实好多诗都是一句奇特的比喻。一个新颖的比喻或拟人，一个奇特的想象，写下来就是诗嘛！泰戈尔的好多诗就是这样的：“鸟翼系上了黄金，就再也不能飞翔了。”“鸟儿愿为一朵云，云儿愿为一只鸟。”“根是地下的枝，枝是空中的根。”还有：“不是槌的打击，乃是水的载歌载舞，让鹅卵石臻于完美。”这样的诗，完全可以教学生写。

一年后，我在我校的新教育研讨会上，再次问老师们，为什么要搞新教育？是为了学校有特色吗？是为了学校有品牌吗？是为了提升学校的所谓形象吗？是为了朱永新老师吗？是为了赶新教育的时髦吗？统统不是。我们现在有的学校就喜欢弄点什么花样来表示自己与众不同，表示自己有特色、有品牌。但我不愿意这样做。因为新教育其实并不新，它不过是将过去千百年来行之有效但渐渐被人遗忘或丢弃的教育真理发扬光大而已，或者说在新的历史条件下丰富深化，没有必要非要把新教育说得神乎其神。那么，我们搞新教育究竟为什么呢？第一，为了我们教师自己的专业成长和职业幸福。第二，为了让我们的孩子有一个浪漫而富有情趣和诗意的童年，给他们的将来留下充满人性的温馨记忆。我们开展阅读也好，打造完美教室也好，不仅仅是为了提升学生的成绩。刚才有老师说，丰富学生的阅读，肯定能够提高他们的成绩。我看不一定。我是这样想的，丰富学生的阅读，一般来说能够促进他们成绩的提高，但即使不能促进，至少不会促退。不但不会促退，而且还会因为阅读而给学生的心灵世界注入许多的精神养料和缤纷色彩。对于有些成绩很差的学生，不让他们阅读课外书，他也考不上大学、考不上重点高中，那还不如让他阅读呢！新教育有许多富有诗意的活动，还有许多符合儿童天性的活动，我们搞新教育，就是要满足儿童的天性。总之，我们搞新教育，不是为了对外做给别人看，而是对内为了我们自己的心灵，为了我们的幸福。

当时，我还给老师们读了一副我写的对联，表达我对教育和教师的理解：“朴素最美关注人性做真教育，幸福至上享受童心当好老师。”

现在，几年过去了，我们的新教育实验依然还很不成熟，但我已经看到孩子们在享受，看到老师们在成长。大家已经看到，我们学校的女教师很多，而且很年轻，也很美丽。（众大笑）这是我愿意在这里做校长的原因。（众爆笑）呵呵，我这里不是开玩笑，而是想很认真地说，这里的“年轻”“美丽”还指的是我们老师们的精神状态。以前有一部小说，是陈学昭写的，叫《工作着是美丽的》。工作的确是美丽的，从事新教育实验的老师当然也是美丽的。

我校的新教育实验有很多项目，比如营造书香校园，比如构筑理想课堂，比如缔造完美教室，等等。今天，我们重点探讨的是研发卓越课程。要说研发卓越课程的意义，我无法超越去年萧山年会上朱老师的报告，甚至无法超越昨天张硕果老师的论述。这里我就肤浅地谈谈我的认识和我校的做法，还有老师们的变化。

学术界认为，“课程”一词最早出现于英国著名教育家斯宾塞的《什么知识最有价值》一文中。这个词源于拉丁文“currere”，其名词形式意为“跑道”，即为学生设计的轨道；其动词形式则指的是“奔跑”。

我们由此似乎可以“望文生义”地对“课程”做这样的理解——它是为学生的“奔跑”开辟的“跑道”。而奔跑就是成长，因此课程与成长相连。

新教育实验提出要研发卓越课程，就是要为孩子的成长铺设一条又一条的“跑道”。在课程中，他们展现自己的潜能，突显自己的特长，张扬自己的个性，看到自己的未来。每一个孩子都是一个独一无二的完整的世界，因此不同的课程就为不同个性的孩子开辟了一个属于他的未来。

如何理解卓越课程之“卓越”？

卓越课程的意思不是“完美的课程”，更不是“无懈可击的课程”，而是“为儿童未来走向卓越而准备的课程”。

现有的传统课程，本来也应该是为孩子全面发展设置的，但在应试教育猖獗的今天，孩子的发展越来越畸形。而儿童课程的开发，就是为了让他们的触觉更加灵敏，想象更加奇妙，心灵更加丰富，情感更加充沛，视野更加开阔，意志更加坚韧，思想更加自由……最终成为一个卓越的人——公民和劳动者！

尽管我们学校的课程研发与实施还远远谈不上完美，但我们已经从孩子们所表现出来的那份纯真的热情以及那份痴迷的眼光中，看到了新教育课程的魅力，也看到了新教育课程对他们成长的意义。

但这里的“成长”远不止是属于孩子们的，老师们也在课程研发与实施中成长。在这些课程中，老师们的教育视野更加开阔，专业能力更加强大，职业情感得以更加充沛，生命质量更加饱满。毫不夸张地说，在我校，不少普通的年轻老师通过课程的研发与实施，正在走向优秀，并且必将走向卓越。

我们的做法是——

专家引领。我们请了常丽华、时朝莉、侯长缨等新教育的榜样教师来我校做报告，给我们老师讲他们的新教育生活。

榜样先行。包虹婧老师、王玉梅老师、杨芳老师、钟丽老师，都是我校先行一步的新教育实践者，他们都不同程度地做出了成绩。

全员参与。从本学期开始，我校每一个人都参与了开发儿童课程。

自主开发。每个老师根据自身情况，比如自己的知识结构、自己的专业特长、自己的兴趣爱好等等来开发不同的课程。

我们严格按照定题——申报——审定——课程实验——课程评价——课程调整这样的程序，对老师们的课程进行了论证、实验和调整。分语文、数学、英语、美术、音乐、科学、体育等学科。

老师们结合自身所教学科特色和自身爱好特长，再综合学生实际情况，从艺术、阅读、手工、能力、智识、健身、实践、科普、旅游、棋类、制作、乐器等知识领域出发，开发了唱唐诗、兴趣魔方、十字绣、象棋入门、彩纸童年、手鼓舞、陶艺、乒乓球、经济课程等等让学生兴趣盎然的课程，最终我们共形成了各具特色的课程 64 门。

今天上午老师们已经看到我们色彩斑斓的儿童课程了。虽然我们的儿童课程开发才刚刚起步，但不少老师已经做得有声有色、有滋有味：刘俊秀老师的课本剧课程、陈吉老师的倾听课程、钟明秀老师的三国与数学、侯宇杰老师的种植课程、李伟杰老师的创意黏土……还有秦海岚老师，她本人并不是教舞蹈的，她是英语老师，但因为她爱好跳舞，于是她便给孩子们开设了朝鲜手鼓舞课程。艾琴老师给孩子们开设的是编发艺术课程，就是教孩子们编辫子，让这曾经的中国标志——大辫子又回到我们中间。当然，有的课程很幼稚，但毕竟是我们老师迈出的第一步，所以我请大家对我校的课程开发多一分宽容。

如果有时间我可以讲出很多老师的事迹，但时间不允许，这里我就着重介绍一下“李镇西工作室”的几位老师。

包虹婧老师给孩子开设三国课程，她和孩子一起读《三国演义》，但又不仅仅是读《三国演义》，还通过表演三国戏，比赛三国成语，画三国脸谱，访三国遗迹等活动，让孩子们感受三国文化。

杨芳老师开了一门很有意思的课，叫“舌尖上的四川”，这是一门饮食文化课程，主要是讲川菜和其他四川的饮食，以及饮食的基本习俗、礼仪、规范等内容，同时让学生亲自体验美食的制作过程，使学生增长见识，扩大视野，接受中国优秀饮食文化的熏陶，丰富课堂生活。她当然不是烹饪师，但她把学生家长请到教室里，教孩子们包抄手，做炒饭，做冒菜，做酥肉，还有做鲜榨果汁，孩子们开心极了。我们学校的大多数家长都是打工的，文化水平都不高，但他们在某一个领域都是行家能手，这是一笔丰富的课程资源。我们要感谢这些家长朋友对学校工作的支持，对教育的配合。

还有钟丽老师，她做得也不错。这学期，钟丽老师开发了一门全新的课程——奇幻纸杯。用剪刀、水彩笔、双面胶等工具，将一个个普通的纸杯变成一件件活灵活现的艺术品。最开始，由老师教孩子们做，让他们学会“纸杯手工”的基本方法；后期，钟老师让孩子们自己报名，教给同学们自己创造的纸杯造型的制作方法。钟老师想通过这样的一门课程培养孩子们的想象能力和创新能力。

通过课程的开发和实施，我看到了老师们实实在在的成长与进步。我做校长之初曾经说过，我这个校长成功的唯一标志，就是教师的成长。现在我从教师的成长中，感到了我自己的成功。

包虹婧老师说——

我们在共读过程中动手制作三国脸谱。原来书还可以这样读！笔尖起落之处勾勒出孩子们心中的三国人物形象，浓墨重彩之中表现着孩子们对人物个性的理解。而我也没料到孩子们的动手能力这么强。正如我们的班训：小小的我们也有大大的世界。

读到诸葛亮被司马懿围困平阳之际，用升纸灯笼求救脱险一节时，我们做起了孔明灯，用这样的方式来表达对诸葛亮的敬佩。现在教室顶上的盏盏彩灯，就是每个孩子最得意的作品。

我从没想过汤圆还能和三国有关，这还要从一个叫佳佳的孩子说起。佳佳特别喜欢诸葛亮，他在办诸葛亮人物小报时向大家介绍，传说馒头、包子、汤圆都是诸葛亮发明的。这样的说法是否准确，现在我们已经无从考证，但这的确让大家增长了不少见识，这样的活动也令孩子终生难忘。

舞台上孩子们正在自信地表演着三国课本剧。举手投足之间，一丝不苟。台下全校师生的阵阵掌声是对我们辛勤付出的最好肯定。我将这次活动看成是我和孩子成长路上的一次小小的庆典。我们相信：只要行动，就会有收获；只要上路，总会遇上庆典。

我从来没想过自己还会这样读《三国》，更不敢想象还带着48名孩子一起读《三国》，然而现在我们做到了。

在“萤火虫教室”里我们一起晨诵三国诗词，一起午读走进三国人物世界，一起暮省分享着当天的收获与喜悦。我们创造着幸福，也享受着幸福。从不可能到可能，从不敢想到敢做，这不正是我们的成长吗？

王玉梅老师说——

原来的我很害怕日出，因为我总在重复着昨天或者昨天以前的生活。千篇一律的方法像经文一样对着一批又一批的学生叨念着，叨念声中我的皱纹增加了，倦怠感也慢慢凸显。自从开始反思后，我整个人都欣欣然朗润起来了。我每天都在思索着今天和孩子们交流学习什么；我每天都在琢磨着书中的那句话我可以怎样在课堂上实践；我每天都在观察着孩子们点点滴滴的瞬间，希望把它变成永恒。现在的我，总感觉到时间是那么的匆匆。我忙着听课，忙着设计活动方案，忙着观察、实践、反思。

开发种植课程后，我学到了很多原来不知道的知识，比如说我以前错把冬寒菜当成杂草拔掉等。我还在实施课程的过程中，发现了每个孩子的闪光点。最重要的是，我的生活不再是简单的重复，每天渴望上班，渴望看看种植园……

包虹婧老师和王玉梅老师的话，应该说代表了许多因新教育而成长的老师的真实感受。

我想到包虹婧老师曾经说，以前每天早晨乘公交车，车内又挤又闷，这是最难熬的时候，如果是以前，她会玩手机看信息，或者戴上耳机听音乐。可自从加入了新教育实验，每天这个时段便成了包虹婧规划、思考甚至憧憬的时候：今天的晨诵孩子们会有怎样的精彩？今天读书活动又该由哪些孩子展示？今天又该找哪个孩子谈心了？昨天那个犯错误的孩子今天会有什么变化呢？昨天的那个教育案例有没有值得提炼反思的地方？

“新教育实验让我每一个早晨都有憧憬，因而每天都充满了激情。”包虹婧这样说。我无意夸大新教育实验的作用，但新教育实验点燃了无数普通老师的梦想与激情，让他们重新看待自己每一天平凡的工作，让每一个平凡的日子变得精彩，且充满故事。

我还想说的是，这些老师都是很普通的老师，他们不像李某人，被人称作所谓“教育专家”。但这些普通老师很幸福，而幸福比优秀更重要。上周我在《中国教育报》上发表了一篇文章，题目就是《幸福比优秀更重要》。这里我给大家读几个片段——

> 常常听年轻老师给我诉说，刚参加工作便“热情冷却”“理想碰壁”，问我如何才能“坚守教育信念”，如何才能“成为优秀教师”。
>
> 我总是这样回答：“坚守教育信念是对的，但目的不是为了什么优秀，而是自己的快乐。别在意优秀不优秀，要在乎你自己每天是否幸福。因为幸福比优秀更重要！”
>
> 也许有人会不以为然：“您现在是著名教育专家，名也有了，利也有了，却叫我们‘别在意优秀不优秀’，真是站着说话不腰疼！”
>
> 我想到我的八十年代，那时候我是一个刚大学毕业走上讲台的年轻人，除了激情一无所有。那时候，我初生牛犊不怕虎，没学会走就直接跑，当然也有无知导致的无畏，于是语文教改有声有色，于是班主任工作有滋有味，于是也引发无数争议，但我不管，每天都乐呵呵的，用比较文艺的说法，叫“意气风发”；我每个星期天、每个寒暑假都和孩子们泡在一起，在小溪里捉鱼，在岷江边戏水，让风筝在海洋般的蓝天上优雅而自信地写诗，让歌声在似乎走不到尽头的原始森林中激荡我们肆无忌惮的青春……而这一切，几乎都受到非议，但我不管，开心就行！有时候领导批评我，我也不觉得委屈，因为这一切都是我“自找”的。什么“中高”，什么“特级”，不给我评没关系！没有什么比拥有一颗自由而幸福的心更重要的了。一直到2003年评上四川省中学特级教师

之前，我几乎没有什么“拿得出手”的荣誉。但我真的很坦然——幸福比优秀更重要！

身被名缚，哪来自由？心为形役，何言幸福？何况现在评优选先有很多水分、很多人情因素，托关系，走后门，搞勾兑，拉选票……很累的。就算“优秀”了，幸福却失去了。

优秀与否是别人的评价，幸福与否是自己的感觉。

幸福，源于心态；不幸福，也源于心态。我曾给年轻的老师们评论过网上流传的一些段子，比如：“一等教师是领导，吃喝玩乐到处跑。二等教师管后勤，轻轻松松维持人。三等教师体音美，上班还能喝茶水。四等教师史地生，周末还能去踏青。五等教师语数外，比比看谁死得快。六等教师班主任，累死讲台无人问。”我说，这些段子初一看觉得很解气、很痛快，“终于有人为我们鸣不平了”。但实际上这些段子大多似是而非，夸大其词，不但不能减轻自己的郁闷，反而会增加自己的痛苦。而且段子中的“教师”也完全可以置换成“医生”“警察”等。不要老觉得自己最不幸，不要老觉得自己遇到的最不公平。放眼这个社会，这个国家，更多的人比我们更苦更累。我经常对老师们说：“如果我们对自己的职业不满意，其实只有两种选择：要么改变职业，要么改变职业心态！”

我不是主张面对不公、不平要逆来顺受，不，如果可能我们完全可以也应该依法维护自己的权益与尊严。问题是，由于种种原因，很多时候事情并不那么简单，种种不公也不可能在一个早晨彻底消失。那怎么办呢？还是得调整心态，从容应对。何况，很多时候缠绕我们的不过是一些琐碎的烦恼，完全可以一拂了之。李白有一句诗：“空长灭征鸟，水阔无还舟。”不是天空没有飞鸟，而是晴空万里，辽阔无边，一两只鸟简直微不足道；不是水面没有船只，而是烟波浩渺，水天一色，一两只船也就微乎其微了。这是胸襟，也是心态。某种意义上说，拥有了好心态，便拥有了幸福。

应该说，在一个风清气正的环境里，教师的优秀和幸福并不矛盾，二者完全可以和谐统一。领导正直，同事善良，评价科学，程序公正，幸福的老师怎么可能不优秀呢？于是，因为自己突出的业绩，各种荣誉纷至沓来。这时，我们也不用刻意推辞，完全可以坦然而无愧地接受，因为这是教育给我们的馈赠。只是我们把这份馈赠仅当作意外的收获，因为我们从来就不是冲着这些荣誉而工作的。没有这些荣誉，我们也不会有丝毫的懈怠，因为教育关系着我们自身的幸福。

“优秀”教师是有限的，而且往往和机遇甚至人际关系有关；但幸福的教师有千千万万，而且就在我们身边，甚至就是我们自己。

（全场鼓掌）

最后我要说，比起全国许多新教育兄弟学校，目前我校的新教育课程还比较粗糙。但既然“跑道”给我们展示的前方已经明确——“过一种幸福完整的教育生活”，我们“奔跑”的步伐就不会停歇，因为这是我们和孩子共同的生活，也是我们共同的生命成长。

十多年前，我曾经为一个学生的生日写了一首诗送给他。我觉得这几句话，也适用于每一位新教育人。我这里读一读，愿我们大家共勉——

名字也许太普通，人格永远不会平凡；
生活也许很清贫，事业永远不会黯淡；
歌声也许会暂停，旋律永远不会中断；
理想也许还遥远，追求永远不会遗憾！

谢谢大家！

2014年4月24日

我们一直在行进

昨天谢华副校长让我在今天的新教育活动结束时做个总结发言。我没有写讲话提纲，因为我相信今天我们附小第三次新教育研讨会一天的活动会让我有感而发、有话可说的。果然，经过今天一天的听课、看汇报还有听大家的发言，我的确有很多感想。

刚才童喜喜的报告让我很感动。童喜喜姓“童”，因此她有童心，有着儿童般的情怀；她名叫“喜喜”，就是喜悦又喜悦，无比开心。她的确有着一颗儿童一般纯真的心，非常纯真，非常单纯，当然有时候也有儿童般的任性，呵呵！今天的报告，最能打动我的，是真诚。她把自己献给了新教育事业，为新教育做义工，到全国各地去做公益讲座，按道理说讲的内容很熟悉了，但她每次讲都像第一次讲那么认真，认真地修改课件，认真地对待每一位听众。我们现在有的所谓巡回演讲团，出于商业动机，喜欢把听众的感情当工具。比如，一些所谓“感恩”“励志”的演讲，到了学校通过语言技巧和表演技巧，使劲煽情，把学生和家长讲得泪流满面，然后就出售书籍和光盘。今天，童喜喜的演讲显然不是这样的，她讲读书，也讲了读书的方法，但她本人就是一个阅读者，她把自己的心掏出来，自然而然地感动了我们。童喜喜做了许多公益讲座，因为新教育本身就是公益的。朱老师曾经说过，凡是要求收费的所谓“新教育”肯定是假的。如果我们在座各位对童喜喜真有感激之情的话，最好的感谢，就是把童喜喜所传播的教育理念，也就是阅读的理念，落实在每一天的平凡生活中。自己成为阅读者，也让孩子成为阅读者。让我们用掌声再次向童喜喜表达敬意！

童喜喜没有授权我为她的书做广告，但我觉得作为新教育人，我有责任为她的著作做宣传。《新教育的一年级》和《喜阅读出好孩子》这两本书非常值得一读。书中所传递的新教育理念，对老师、对孩子、对家长都会有积极意义，建议大家到网上去买。

今天的新教育实验研讨会是我们学校搞新教育实验以来的第三次，主题是阅读。今天听了课，听了老师们的交流发言，我很感动。上午，我在微信朋友圈里发了一条信息——

我们并不领先，但我们在行进；我们甚至没想过原创，但我们一直践行常识。我为我年轻美丽的同事们感动！

回想几年前我来做校长时给大家讲新教育，许多老师愁眉苦脸，一筹莫展，老问："怎么做嘛？""怎么操作嘛？"现在几年过去了，我们不是做得很好吗？当初发愁的老师现在不都是我们学校新教育故事的主角吗？大家看这几张我今天中午随手在校园书吧拍的照片，孩子们这么开心地阅读，这就是新教育的追求。的确，我们并不领先，比起全国那么多新教育学校，我们有着很大的差距，但我们一直在做。现在的教育很浮躁，有的学校老想引起轰动，老想彰显特色、打造品牌。我们没想过这些，跟着别人走就走吧，只要对孩子有好处，不领先又有什么关系呢？我们的确没有什么原创，我们只是遵循常识。现在有的教育者心里老想着这个创新那个突破，老盼望着第一个提出什么什么，率先做了什么什么，唯独不想想做这一切对孩子有什么好处。我就没想过一定要原创个什么，我就想什么对孩子有好处。如果对孩子有好处，就算是老一套也没有什么关系。说实话，教育哪有那么多创新，最朴素的往往就是最本质的。

比如新教育的理念，从本质上说，其实也不是新的。如何理解新教育之"新"？新教育人认为，就教育理念而言，关于新教育之"新"，并不是前所未有的"横空出世"，而是归真返璞和与时俱进。也就是说，今天所进行的新教育实验，是让教育回到起点，将过去无数教育家所憧憬的教育理想变成现实。当一些理念渐被遗忘，复又提起的时候，它就是新的；当一些理念只被人说，今被人做的时候，它就是新的；当一些理念由模糊走向清晰，由贫乏走向丰富的时候，它就是新的；当一些理念由旧时的背景运用到现在的背景去继承，去发扬，去创新的时候，它就是新的……现在如果有人穿旗袍，我们会说，哟，你今天穿了一件新款式的衣服，可实际上旗袍在中国早已有之，只是多年没人穿了，今天有人穿便成了"新"的。同样，读书有益于人的成长，这个理念新吗？当然不新，但许多人不做，而我们做起来了，这就是“新”！因此，管它新还是不新，都不重要，重要的是对孩子有好处，我们就去做。遵守常识，就是坚守良知。搞新教育不是赶时髦，新教育从来不强迫谁，它靠自己本身的魅力吸引有教育理想的人加入。

上午黄远霞老师谈自己读书，我就想，要让孩子读书，教师包括家长自己也应该读书。今天上午我突发灵感，写了一条微信——

> 有时想想，教育其实很简单的。就是先让自己善良起来，丰富起来，健康起来，阳光起来，快乐起来，高贵起来，然后去感染孩子，带动孩子，让孩子也善良、丰富、健康、阳光、快乐、高贵。除此之外，还有教育吗？现在最大的问题是，教育者缺乏的，却要让学生拥有。岂非缘木求鱼？

这条微信发出后，被迅速点赞，获得普遍认可。的确如此。我可以自豪地说，我要求我校老师读书，我就相信没有哪个老师敢说比我读的书还多；我要求老师们教育写作，我同样相信没有哪个老师敢说比我写得多。而且我相信也不会有哪个老师会说比我还忙。我如果不比老师们做得好，我怎么好意思对老师们提出要求？现在很多时候要别人做到自己却做不到。你要学生升旗仪式认真严肃，你自己却连国歌都不唱，你的教育就等于零。你要孩子读书，你读不读书？今天，黄远霞老师的发言让我很感动，她那么热爱阅读，读了那么多的书！她就可以对学生的阅读进行有效的指导。在我们学校，这样的老师越来越多了。新教育实验正在改变越来越多的老师。

是的，“我们并不领先，但我们在行进；我们甚至没想过原创，但我们一直践行常识”。我们并不孤独，因为有许多新教育人与我们同行。今天，北川、金川、金堂、新津的新教育人以及武侯区其他新教育实验学校的老师们来到我们学校，分享我们的新教育成果。非常感谢各位！

愿我们继续一起飞翔！

2014 年 12 月 30 日

新教育就应该是这个样子

尊敬的各位新教育同仁：

大家好！

今天我的发言也许不太流畅，因为我现在很激动，我可能语无伦次。尽管这次来奎屯之前，已经有很多人对我说，现在的新疆很安全，一点也没有什么可担心的，但昨天在从乌鲁木齐机场来奎屯的车上，我还是担心有歹徒劫车。（众笑）结果证明我纯粹是杞人忧天。奎屯的天那么蓝，云那么白，阳光那么灿烂。更重要的是，奎屯的新教育那么美丽，奎屯的孩子那么可爱——真的是很可爱！今天中午，我发了个微信，发了几张上午在几个学校拍的孩子的照片，孩子们脸上纯真而有点羞涩的笑容，把我深深地打动了。我在微信上说："孩子们可爱得让我想掉泪！"当时，我毫无逻辑联系地想，就凭孩子们脸上这么可爱的笑容，我们也要维护祖国统一，反对分裂！（众鼓掌）

此刻，站在这里，我想到了十五年前，在苏州大学老校区一幢旧教学楼二楼的办公室，我作为朱老师的学生帮他校对《我的教育理想》的书稿的情景。那时我刚考上朱老师的博士生，朱老师正在写一组文章：《我心目中理想的学校》《我心目中理想的教师》《我心目中理想的学生》，还有"理想的德育""理想的智育""理想的体育""理想的美育"等等。这些文章汇集成册，便是《我的教育理想》。这一系列"理想教育"，就是后来新教育最初的萌芽。我相信，当时无论朱老师对新教育有着怎样的憧憬，或者说想象力，也绝对想不到，十五年后这些书斋里的教育理想会在千里之外的新疆奎屯结下硕果，散发出别样的芬芳。

刚才听了四位老师的新教育叙事，说实话，我再次被感动了。大会要我点评，我无法点评这四位老师精彩的故事，但我可以谈谈我的真实感受。

第一位讲述的阿依努尔老师，是哈萨克族的幼儿老师。当她载歌载舞地开始她的讲述时，我们都被她感染了。她深情的讲述，她活泼的舞姿，她和孩子们的故事，让我由衷地想，阿依努尔老师的样子，就是新教育应该有的样子。什么样子呢？就是美丽、有趣、开心、浪漫、好玩儿……新教育就应该是这个样子，教育就应该给我们的孩子还有我们老师自己带来这样的美丽、有趣、开心、好玩儿，带来这样的幸福！

阿依努尔是幼儿园老师，她让小朋友在人生成长的第一步便吮吸了新教育的乳汁。我们以前的新教育实验学校更多的是中小学，特别是小学，而几乎没有幼儿园。现在，阿依努尔老师的故事，让我们看到了奎屯将新教育实验拓展到了学前教育。所谓“幸福完整的教育生活”的“完整”，也应该包括孩子受教育的全过程，否则就不算完整。因此，阿依努尔的新教育实践将“完整”二字落到了学前教育阶段。我特别感动的是，她给孩子们拍了十万多张照片，这意味着她对孩子有着怎样的爱？在我看来，这十万多张照片，每一张都是她和孩子生命长河中的一滴水珠！

第二位讲述的张遵香老师，我今年年初在北京就听过她的故事，今天依然感动。张老师没有把阅读当作工作，而是当作自己生命的呈现方式，因此她那么投入便是很自然的事了。我说过，任何一件事，只要将其视为自己的内在需求，并产生浓厚的兴趣，就与勤奋无关了。张老师正是如此。

我还特别赞赏张老师提倡学生个性化阅读，每个同学都可以在班上找到自己喜欢的书，有的喜欢读童话，有的喜欢读科普，有的喜欢读歌谣，有的喜欢读诗歌……她的学生从一年级开始阅读，孩子们在阅读中长大，张老师也在阅读中成长。我相信，张老师的学生将来的人格一定会更加完美，精神一定会更加充实，灵魂一定会更加饱满，生命一定会更加灿烂！

第三位讲述的陈煜老师，通过阅读把新教育的种子播进了少数民族孩子的心灵中。这是奎屯为新教育实验做出的特别贡献。陈煜老师陪着孩子们阅读的情景，让我想到了我的年轻时代。那时候我也陪着学生读书，每天中午都给学生朗读名著：《青春万岁》《爱的教育》《红岩》，还有《悲惨世界》，包括路遥的《平凡的世界》。当然，陈老师在边远的地方，条件更差，她为此付出了巨大的艰辛努力，让我们感动。

我想，她的学生都是少数民族孩子，刚开始时还存在着语言沟通的障碍，但陈老师最后都让他们喜欢上了阅读，读了那么多的书。哈萨克族孩子赛甫丁在中央电视台“寻找中国最爱读书的孩子”活动中脱颖而出，荣获“全国十佳读书小榜样”，陈煜老师陪着赛甫丁走进了央视讲述读书故事。陈老师通过阅读改变的孩子当然不只赛甫丁一个，而是一届又一届的孩子。刚才大家听到已经离开陈老师在哈尔滨读书的那个男孩给陈老师的电话录音：“陈老师，我们班的同学都很想念您!”普通的一句话，却让我格外感动。

可以说，陈老师创造了许多内地老师都没创造的奇迹。刚才屏幕上的人，因为屏幕形状的原因都变形了，都矮矮的。我在下面坐着看到朱老师和一群老师在屏幕上的形象，我对朱老师开玩笑说：“一群侏儒!”但现在我要说，其实陈老师和她的学生，还有所有被新教育改变的人，所有追求新教育梦想的人，都是精神上的巨人!

“我心里爱着多少孩子，我就能影响多少孩子!”陈老师这句话，应该成为所有教育者的信念和座右铭。

第四位讲述的潘静老师，向我们展示了她所在的奎屯市第三小学是如何做新教育的。潘老师的讲述让我们重温新教育的起点。起点是什么呢？新教育实验的定义说：“新教育实验是以教师发展为起点……”看，教师发展就是新教育的起点。所以新教育的关键，是通过唤醒教师、改变教师而去唤醒和改变孩子。

只有点燃了教师的生命，才可能去点燃孩子的生命。奎屯市第三小学正是这样做的。我去年曾经在微信上说过一段话：“有时想想，教育其实很简单的。就是先让自己善良起来，丰富起来，健康起来，阳光起来，快乐起来，高贵起来，然后去感染孩子，带动孩子，让孩子也善良、丰富、健康、阳光、快乐、高贵。除此之外，还有教育吗?”新教育强调的，也是这一点。我们要让孩子阅读起来，博学起来；我们教师自己就应该首先阅读起来，博学起来。

最后，我想给大家分享英国《太阳报》的一个调查结果。英国《太阳报》曾以“什么样的人最快乐”为题，举办了一次有奖征答活动，从应征的八万多封来信中评出了四个最佳答案。也就是说，评出了四种最快乐的人。我先说，这四种人里没有教师，但我觉得这四种人的快乐都和教师有关系。

第一种人，是刚完成作品吹着口哨欣赏的艺术家。他为什么快乐呢？因为创造性劳作的人是快乐的。只是劳作还不行，每天都重复昨天的故事，不可能快乐。所以，这里的关键词是“创造”。我们教师不也是一样吗？只有每天都坚持创造，我们才能快乐。第二种人，用沙子筑城堡的儿童。他为什么快乐呢？因为他有梦想，对未来充满希望的人是快乐的。这里的关键词是“梦想”。曾经有人问同样在砌砖的三个人：“你在做什么？”三个人的回答不一样。第一个人回答：“我在砌砖。”他说的是事实，但他的眼光也就如此而已。第二个人回答：“我在修筑一座美丽的宫殿。”这就有梦想了。第三个人回答：“我在建设一座伟大的城市！”这个人的梦想更伟大了。他的快乐自然更多。我们当教师的，如果没有梦想地工作，谈何快乐？第三种人，是为婴儿洗澡的母亲。为什么快乐？因为心中有爱呀，那种无私的、不计报酬的爱，能够让母亲感到快乐。这里的关键词是“有爱”。我们教师也是如此，爱学生就会快乐。这我就不多说了。第四种人，是千辛万苦后终于挽救了危重病人的医生。他快乐的原因，是有帮助别人的专业能力。注意，这里的关键词是“专业”，而不是“助人”，不是想帮助病人的愿望。要说“想帮助病人的愿望”，最迫切的莫过于病人的亲人，但他们无论多么想帮助病人，最后还得把病人送进医院交给医生，因为只有医生才有专业能力。也正是这专业能力，给医生带来了职业快乐。又说到教师，没有教师不想帮助学生，但并不是所有教师都具备帮助学生的专业能力，因而并不是所有教师都体会到了职业快乐。而新教育实验正是把提高教师专业能力进而让教师过一种“幸福完整的教育生活”作为首要目标。

创造，梦想，有爱，专业——这就是新教育教师的追求，这就是新教育的意义。

好，我再次向奎屯的所有新教育人表示敬意！

2015 年 5 月 22 日晚上追忆整理

新教育如何成就教师的幸福

昨天（2016 年 11 月 25 日）上午，成都市科华中路小学举行了新教育实验阶段性成果展示活动。活动结束时，我有感而发，即兴讲了几分钟。下面是发言的追忆——

老师们，虽然每个月我都要参加武侯区某一所学校的新教育展示活动，但我从不感到倦怠，因为每一次我都会感动。今天在科华中路小学也是如此。

刚才，大家看到了孩子们和老师们的展示，还有家长的展示。那首“自由精灵班”孩子们唱的班歌就是一位母亲所谱曲，看着她刚才亲自指挥孩子们唱班歌，我就想到了“新教育共同体”这个概念。新教育共同体指的是教师、学生及其父母这三者构成的共同体。因此，新教育特别注重学生家长的参与，只有学生、家长参与的教育，才叫完整的教育，而只有完整的教育才能给人以完整的幸福。

说到幸福，我首先要说明的是，如果我们老师的合法权益受到侵犯，比如工资拖欠等等，我们完全应该依法维权，所以，对于一些地方的老师依法维护自己的权益的行动，我从来都旗帜鲜明地支持和声援。包括对于教育管理中的种种不合理现象，我们也可以理直气壮地说“不”，并通过各种方式提出改进建议。但是，生活中许多让我们郁闷的事情，还远远上升不到依法维权的高度，一些不合理的现象也不是靠我们的埋怨能够消除的。有时候或者不少时候，我们的不幸福、不开心，其实都是我们的心态造成的。

我经常给一些年轻教师说，不管是什么原因，既然你不得不当教师，那哭哭啼啼也是一天，开开心心也是一天，你选择什么？郁闷和烦恼并不会因我们的怨天尤人而有所减少，我们只能做我们能够做到的。那么，我们最能做到的是什么呢？就是调节自己的心态，从自己的工作中寻找幸福。新教育就是要给老师们带去幸福的。

第一，幸福源于单纯。刚才看着孩子们天真无邪的样子，我被感动了，感染了。孩子多单纯啊，没有成人的烦恼，所以他们幸福。而有幸福感的老师也是一个单纯的老师。因为这些老师单纯地沉浸在自己的工作中，周围的是是非非统统消失了，他们因此收获了教育的幸福。那天，刘卫东校长告诉我说：“自从陶雪梅老师跟着你做新教育，仅仅一年，她简直是变了一个人！她全身心地投入到她的完美教室中，越做越好。一年多前，她是中途接班的，当时家长不接受她，要求把她从班主任岗位上换下来，但现在如果要换这个班的班主任，家长肯定会闹的，甚至会影响学校的稳定。”刘校长说陶雪梅是一个单纯的老师，这个我知道，她是我博士工作站的成员，一向朴素、低调、内敛，但她热爱新教育，的确特别投入。其实我知道，她的家庭经济条件并不好，她有一千条理由抱怨这不好那不公，但正如刘校长所说，陶老师从不关注自己工作以外的是是非非，从不抱怨，她因此感受到了教育的幸福。我知道，在咱们科华中路小学，像陶雪梅这样的老师还不少，比如吴懿彤老师、罗文娟老师、李芝梅老师、钟少秀老师、杨艳老师、康燕老师、袁白薇老师等。

第二，幸福源于研究。教育，意味着每天都面对各种各样的难题，而把难题当课题，就是最好的教育科研。我经常说，教育研究能够给人带来成就感，而成就感就等于幸福感。新教育实验就是给老师们提供研究平台的。当然，这里的研究不是纯理论的思考，而是实践中的观察、琢磨、分析、提炼……新教育的十大行动，每一项行动都值得研究，比如营造书香校园，比如缔造完美教室，等等。我们很多老师就是通过新教育实验由普通走向优秀，走向卓越。刚才我们看到科华中路小学的各方面展示，他们在新教育的许多领域都进行了探索和研究，并取得了成果。这就是幸福。最近，“武侯新教育丛书”第一批著作正式出版了，有三本，作者分别是石室双楠实验学校的王兮老师、龙祥路小学的罗莉老师和武侯实验中学的刘朝升老师。他们根据自己的新教育实践写成的书，我帮着联系长江文艺出版社出版，不要作者花钱买书号，出版社还要给他们稿费，我们武侯区教育局还帮着宣传推广，多好的机会。这就是幸福！如果他们没有这些研究，就写不出这样的著作，当然就不会有这样的幸福。我希望武侯区更多的老师投入进来，也参与新教育实验的行动研究，也写出这样的著作。

第三，幸福源于超越。每一个老师的内心深处，都潜藏着一个自己现在根本意识不到的“卓越的自己”。所谓“教师专业成长”，就是不断地发掘自己心灵深处那个“卓越的自己”。记得武侯实验中学附属小学的新教育榜样教师包虹婧开发了一个“三国课程”，并获得成功。她回顾自己从事新教育卓越课程开发时说：“我从来没想过自己还会这样读《三国》，更不敢想象还是带着48名孩子一起读《三国》，然而现在我们做到了。在‘萤火虫教室’里，我们一起晨诵三国诗词，一起午读走进三国人物世界，一起暮省分享当天的收获与喜悦。我们创造着幸福，也享受着幸福。从不可能到可能，从不敢想到敢做，这不正是我们的成长吗?”你们看，包虹婧老师就是通过新教育发现了一个“卓越的自己”，这就是超越，这就是幸福！陶雪梅老师也是如此。刘校长说她一年来就像变了一个人，所谓“变了一个人”就是发掘了那个“卓越的自己”，就是超越。刘校长在科华中路小学做新教育，让一批老师成长起来，这也是他对自己的超越。咱们学校的新教育实验做得越好，刘校长也越有幸福感！

我反复说，新教育其实就是“真”教育，是“素”教育，就是回到教育本来状态的教育。新教育所做的一切，都是教育本来应该做的，每一个理念和行动都不是我们的原创——教育理念哪有那么多原创啊？只是，这些本来应该做的，我们渐渐不做了，教育逐步走向了畸形。现在我们重新做起来，就叫“新教育”。如果有一天，新教育不再叫“新教育”，而只叫“教育”——甚至中国目前所有的这个“教育”那个“教育”都把“教育”二字前面的定语去掉而只叫“教育”的时候，中国的教育才算真正回归了本质，才算真正成功了。

2016年11月26日下午追记于双流机场

教师要有书卷气

都说现在的教育问题太多太多，而在我看来，最大的问题是教师普遍不读书。按理说，教书人不读书这简直不可思议，但如此不可思议的现象却几乎成了许多学校的常态。我是带着新教育实验的理想走上校长岗位的，新教育实验的六大行动之一，便是营造书香校园。我正是想以此改变那种不可思议的常态。

说实话，我并不擅长做校长，或者说行政管理并不是我的专长，因此我放手把学校的行政事务都交给副校长们去做。我集中精力引领老师们的专业提升。其中，最重要的引领就是倡导读书的风气。我经常对老师们说：“一个学校有没有文化气息，主要不是看墙上有没有标语口号，也不是看校园有没有小桥流水、台榭亭阁，或者题词、绘画、雕塑之类，而是看这个学校有没有可以流传下去的教育故事，和学校是否有书香气。”

随着新教育实验的开展，我校在学生读书方面做了大量的工作。比如我们实施了新教育实验的“晨诵、午读、暮省”课程，每天都有专门的阅读时间；又比如我们在校园内设置了好几个开放式书吧，将上千册书放在教学楼过道旁和休息区，孩子在课余只要想阅读，随手便可以拿到书而不需任何借阅手续。但老师的阅读呢？却不理想。找老师们谈心，问及为什么不愿读书，老师们说了许多理由。我归纳了一下，不读书的“理由”大致有几点：第一，“太忙，没时间”。第二，“感觉不到读书对教育教学的作用”。第三，“不知道读什么”。第四，“有的教育理论著作读不懂”。第五，“年龄大了，读了记不住”。

要倡导读书，必须先扫除思想障碍。针对老师们的“理由”，我通过教工大会讲话，通过各类座谈会，通过个别谈心，通过书信，给老师们一一做了回答。

关于“太忙，没时间”，我告诉老师们，无论多么忙，我们每天都不会不洗脸、不刷牙、不吃饭的，因为：第一，这些是我们的生活必须；第二，这些我们已经养成了习惯。所以，只要把读书当成生活必须，同时养成习惯，那么无论多忙，我们都永远有时间读书的。

关于“感觉不到读书对教育教学的作用”，我说，一般来说，教师的阅读分两类，一类是“学以致用”的阅读，比如各类教参，这类阅读是应该的，甚至是必需的；但还有一类“无用”的阅读，或者叫作“非功利阅读”，比如对哲学、历史、文学、人物传记等等的阅读，这类阅读不为具体的备课，而是为了尽可能完整而完美地建构无愧于我们作为“人”所应有的精神世界。教师同时被称为“人类灵魂的工程师”，暂且不说这个称呼是否恰当，但至少我们应该想想，我们自己的灵魂是否饱满充盈？而灵魂的饱满充盈更多地取决于我们广博的阅读，包括“非功利阅读”，特别是读教育以外的书。其实，所谓“功利”也是相对的，教育本身就和时代风云、社会发展息息相通，所谓“教育以外的书”，实际上直接、间接都和教育有着千丝万缕的联系。看似无用的阅读，都关系着我们每一堂课的广度、深度和厚度，关系着在学生眼里我们是否拥有一种源于知识的人格魅力。

关于“不知道读什么”，我给老师们推荐四类读物：第一，教育报刊，比如《中国教育报》《中国教师报》《人民教育》《教师博览》等等，让老师们随时了解全国的教育同行在想什么、做什么。第二，教育经典，我重点推荐《陶行知教育文集》《育人三部曲》《给教师的建议》《帕甫雷什中学》等等，让老师们直接与真正的教育大师精神对话，感受最质朴、最原本的教育真谛。第三，儿童读物或者说校园文学，包括写学生的书和学生写的书，比如杨红樱的书、秦文君的书、曹文轩的书，还有韩寒的书、郭敬明的书。读这些书的目的，是让老师们能够从文学的角度，获得一种儿童的思维，了解并走进教育对象的精神世界。第四，人文书籍，比如《历史深处的忧虑》《民主的细节》《书斋里的革命》《一句顶一万句》《野火集》等等，让老师们有一种开阔的人文视野。

关于“有些教育理论著作读不懂”，我从两个方面回答老师们：第一，比起当今一些喜欢玩弄时髦术语、晦涩理论的伪学术著作，真正的教育经典名著真是平易近人。比如，打开苏霍姆林斯基的《育人三部曲》，听他一边讲述故事，一边抒发感情，一边阐述理念，真是一种享受；更不用说中国现代著名教育家陶行知了，他的教育著作也深入浅出，用老百姓的语言谈深刻的教育道理，他还用诗歌甚至儿歌来表达他对教育的理解。经典之所以是经典，不是因为深奥而是因为深刻，而这深刻又往往是通过非常朴素的形式表达出来的。第二，现在的确有不少教育理论晦涩难懂，我也曾经为读不懂这些书而自卑。后来我读博士时，导师朱永新对我说，读不懂，不一定是你理解力有问题，更多的时候是作者本身就没有把这个问题真正搞懂，那写出来的东西自然不好懂。朱老师对我说，读不懂就别读好了。我现在也这样对老师们说，读不懂就别读好了。有些翻译的著作我们读不懂，不一定是我们的理解力有问题，而很可能是作者没把理论表述清楚，还有一种情况就是翻译的问题，原著也许很晓畅，但翻译得很糟糕。比如，热炒过一阵的《漫步教师心灵》，语言真是别扭，甚至还有病句。我估计多半是翻译的问题。苏霍姆林斯基的书为什么好懂？除了苏霍姆林斯基本人的表达非常流畅之外，翻译者杜殿坤先生作为一位杰出的翻译家也功不可没。深刻和通俗并不矛盾。苏霍姆林斯基的书很通俗，但同样深刻。著者和译者硬着头皮做出来的书，读者只有硬着头皮去读。何苦呢？

关于“读了记不住”，我对老师们说，记不住有什么要紧的？谁叫你记了？除非你要考试，平时的阅读完全不用记的。记不住书中的句子，不等于你没有收获。如果我问你这么多年来年你每顿饭都吃了些什么，你能够回答吗？显然回答不出来，因为你没记着。但难道你吃的这么多东西就没有营养吗？记不住吃了什么食物有什么要紧，反正这些食物的营养你已经吸收了嘛！青年时，我背了许多唐诗宋词，可现在好多都忘记了，然而这些诗词所蕴含的文学养料已经化作我的血肉了。如果因为记不住而不读书，完全没必要。

对老师阅读最有效的引导，是我本人的阅读示范。当然，所谓示范并不是我刻意为之的举措，而是一种客观效果。因为我当不当校长都很喜欢读书。只是当了校长后，我的这一爱好对老师们来说就恰恰成了一种示范——其实，说“感染”更准确。通过教工大会、网络博客、座谈交流、个别谈心……我情不自禁地给老师们说我最近读的书，不少老师被感染了，随后便会去买这本书，比如《孩子们你们好》《南渡北归》《八十年代访谈录》《中国当代八种社会思潮》等书，都是这样进入老师们的视野并放在案头的。有一年国庆长假期间，我和几位老师一起自驾游，随身便带了一本《中国天机》。一路堵车，我不急不恼，拿出书便看了起来。老师们大为感慨："这就是我们和李校长的差距!"我可以非常自豪地说，在我的感染下，已经有不少老师养成了手不释卷的好习惯。去年春天，我和几个老师去北京出差，回成都的飞机上，三个小时里，刘朝升老师一直非常投入地捧读苏霍姆林斯基的《爱情的教育》，还一边读一边拿笔勾画。

对于教师阅读，我一直主张倡导，而坚决反对强制。我常常收到全国一些老师的来信，说他们校长定期给老师们每人发书，包括我的著作，发了之后要求写读后感，还要考试，如果没交读后感或考试不通过，将与期末考核甚至和年终绩效挂钩。我特别反感这种做法。

最初我到学校当校长的时候，也曾要求老师们读我推荐的书，读了之后写读后感发到网上，每月一篇，写了奖励 50 元（好像是），没写就没有。于是，每个月绝大多数老师都能按时完成。但我很快发现有个别老师的读后感是网上下载的，虽然是极个别的，可我十分反感。我反思自己，渐渐认识到，这是我管理的问题，因为我的管理客观上是一种逼迫，在逼老师们阅读的同时，也在逼个别人作假。而且，我回想自己的阅读体验，读到好书，自然想写点东西，但更多的时候，是一边读一边在书上勾画批注——如此读读写写勾勾画画，不正是阅读的常态吗？为什么不把这种个人阅读的常态，变成学校阅读的常态呢？

于是，我改变策略，取消了原来的规定，不要求老师们必须写读后感了——即使写了也没有 50 元，而是不定期检查老师们读过的书，看上面的批注，哪怕没有批注也不要紧，有勾画也行，只要有阅读的痕迹就可以了；甚至哪怕没有批注勾画也不要紧，因为我会时不时组织读书沙龙，让老师们互相推荐所读的书，或围绕同一本书谈各自的体会。慢慢地，老师们渐渐习惯于阅读了，而且是真阅读，不是假阅读——没有了强迫的读后感，阅读成了一种心灵的飞翔。当然，也有老师有感而发写下读后感发到网上，我们依然欢迎，而且互相跟帖交流。这也是一种自然而然的思想燃烧和情感流淌。

对于引导老师们读书，我还有一个做法的变化：变赠书为借书。过去，我喜欢买书来赠给老师们，有时候甚至是自掏腰包给老师们买书。比如，我用我被评为劳动模范的 4000 元奖金买成书送给老师们。但后来我发现，有的老师得到书并不读，至少不急于读——反正是自己的书，什么时候都可以读的，何必急呢？于是，我现在更多时候，不是赠书，而是借书。老师们到我办公室谈心结束的时候，我请老师在我的书橱里选一本他喜欢的书，写上借条，然后我提出阅读期限和阅读要求：“一周之内读完，在书上批注勾画，在最后一页的空白处写上你的名字和阅读时间。”我这样解释说：“这样提要求，你便能够紧迫而认真地读完。以后，我这本书将有不同读者不同笔记的批注，后面还有阅读者的姓名和阅读时间。以后退休的时候，我把这些书赠给学校图书室，成为我们学校的藏书。设想一下，一百年以后，我们都不在人世了，可这些书还在学校图书室珍藏着，那时武侯实验中学的师生捧读这些留着先辈笔记的书，将会有怎样的感慨？因此，我们留给后人的，不仅仅是图书，而是一种精神，一种文化！”现在，我的书橱里已经有不少这样的书了。

组织老师们读书，一定要避免一刀切。我们对学生都要讲究因材施教，可对老师们为什么要求“齐步走”呢？我校的教师读书要求分为三个层次。第一个层次是全校性的要求，这个“要求”其实就是一种提倡而已，没有任何行政命令。每学期或每年给大家推荐一些读物，让大家自己去买，自己读，不作任何要求。有人也许会说：“如果有老师不读怎么办呢？”我说，不读就不读呗！全校两百多老师，有那么几个或者十几个甚至再多一些老师不读书，有什么关系呢？真实的不阅读比虚假的阅读强一百倍。何况全校大多数老师是在读书的。

第二个层次，对读书会老师的要求。我们学校的读书会完全由老师们自愿加入，现在已经有一百多位成员了。我们定期（通常一学期一次）聚在一起交流读书心得，互相推荐最近读过的好书。有时候我还把老师组织到野外读书。或是在某个古镇幽幽的茶楼，或是在某个垂柳依依的湖边，我们分成几个小组，每人带着一本书彼此介绍推荐。一般都是上午分组交流，下午由各组推选出的老师发言，然后我给大家做一个读书讲座。记得有一次，我的讲座题目是《读书使人幸福》，讲座过程中，我给老师们朗读《教学机智——教育智慧的意蕴》片段，老师们听得非常专注，我不时提问让大家思考。那一刻，我仿佛回到了课堂，面对的是可爱的孩子们。那天，春风、阳光、柳絮、花朵、湖水和书香一起包围着我们，融进了我们的胸怀，陶醉了我们的心灵。

第三个层次，对青年教师沙龙的要求。我将进入我校不到三年的年轻老师组织起来成立了一个青年教师沙龙，人数在五十左右。我以读书活动为载体引领他们的成长。通常是一个月搞一次聚会，或是中午，或是晚上，或是周末，有时候是我给大家讲我的成长经历，有时候是大家围绕共读的一本书进行研讨，有时候是请优秀的老教师给他们讲读书与成长的体会。那次郭继红老师在为大家讲读书的时候，年轻老师们都目不转睛地凝视着郭老师，神情特别专注，当时我非常感动——在这么一个喧嚣的时代，这么一个浮躁的社会，还有多少双年轻的眼睛能够因读书而如此神采奕奕？在我的博客上，曾经以《与苏霍姆林斯基在春天重逢》为题目，记录了我和沙龙的年轻人搞的一次读书活动。我曾用稿费给每位沙龙的年轻老师买了一本《给教师的建议》，并在每一本书的扉页上赠言："永葆你的童心和热情。我会帮你的！"那次沙龙活动，年轻人们先是五人为一个小组展开讨论。我参加了其中一个小组的活动。我看到大家手中的书都有些许的勾画和批注，圈圈点点的，我很开心。王晓萍老师说，她第一次读苏霍姆林斯基的书，是三年前刚分到学校来的时候在开放书吧。她结合自己的教学实践谈到了第二次读《给教师的建议》的感受。雷敏、张蓉、雷莉、李娜等老师也纷纷发言，她们说得最多的，是书中这样一些观点："对一个学生来说，五分是成就的标志，而对另一个学生来说，三分就是了不起的成就。教师要善于确定：每一个学生在此刻能够做到什么程度，如何使他的智力才能得到进一步的发展，——这是教育技巧非常重要的因素。"那一刻，看到大家因为谈读书而滔滔不绝、眉飞色舞，我感到了幸福。

这是我校青年教师范景文在一篇文章中谈到的那次春天郊外的读书活动——

> 我正好是工作的第六年，可能正好到了工作的倦怠期，似乎看来一切都按部就班、井井有条的，自己也感觉自己做得还不错，但就是对一切都提不起兴趣，也没有了刚出道时的那种激情，日子就这么一天一天地过着，也没有想要去突破的意思。可就在这个时候，李老师组织了一个读书会，第一次活动是在春光明媚的郊外。首先，这个活动我觉得很特别，其次在整个过程中有一个李老师给大家读书的过程，当他读到在《教学机智——教育智慧的意蕴》中那个小男孩的案例的时候，不知道加的是什么"润滑油"，突然我开始重新思考，我的大脑开始运转，想了许多方法想要去帮助那位老师解决问题。在听李老师读书的过程中，我主动地去思考一些自己教育教学的方式方法。"这样做是否是对的？这样做是否符合教育的规律？那样做有没有压抑学生的个性发展？"等

等这样的一些问题一层一层地浮现在我的脑海中。本来第六个年头对于我来说正是迷茫的时候、倦怠的时候，那天的读书活动就好像是一次班会课，李老师说话富有感染力、真诚、激情，善于找到谈话的切入点，从读书讲故事开始深入心灵……我想这都是一个优秀班主任应该具备的技能，李老师用他的实际行动向我们讲述着。我真的有一种醍醐灌顶、重新找到方向的感觉，就好像迷雾中被人撕开了一个口子，阳光照射了进来……

读着范老师自发写成的这篇文字，我感受到了做校长的成就感。

2013 年 1 月 3 日

我成长历程中的关键事件、关键人物和关键书籍

我同意李希贵先生的说法，在任何人的成长历程中，都有着一些关键事件、关键人物和关键书籍。我多次说过，成长是一种自觉选择、自我培养和自由发展的过程。而在这过程中，与一些关键事件、关键人物和关键书籍的相遇，是至关重要的。这种相遇，也许是偶然的，但相遇后对自己成长产生的影响，则是必然的。

我想到了我自己。三十三年来，我的教育之旅也伴随着许多关键事件、关键人物和关键书籍。和这些事件、人物和书籍相遇，多数时候并不是我刻意为之，但一旦相遇，便嵌入了我的灵魂，滋养着我的成长。

一、关键事件

1. 第一篇论文在《班主任》杂志发表

1985 年春节期间，回顾我三年的教育，许多故事和感悟涌上心头，我情不自禁拿起笔一气呵成地写了 9000 多字夹叙夹议的文字。开学不久，我从《光明日报》一则消息中得知，北京教科所的《班主任》杂志即将创刊。我想到我那篇文字，便不知天高地厚地给《班主任》杂志投去了。很快我便收到该杂志王宝祥老师的回复，说“大作拜读，甚好。拟分两期刊载”云云。这对我这个刚刚工作三年的小伙子来说，是一个多大的鼓励啊！这件事更为重大的意义，是让我信心倍增：原来论文居然可以这样写啊！于是，从那以后三十年来，我且做且思且写，其乐无穷。如今，我已经出版了 60 多部著作，发表上千篇文章。这一切都缘于 1985 年的《班主任》杂志。

2. 《爱心与教育》的出版

1997年8月，我在搬家过程中无意看到了许多老照片，也读到我写的教育日记。这些照片和日记已经发黄，勾起了我美好而温馨的回忆。回忆中，一些故事浮现脑海，恍惚中，已经毕业的孩子们笑着向我跑来……我禁不住热泪盈眶。就在那一刻，我做出一个庄严的决定，我要把这些故事和人物写下来，让更多的人分享我教育的幸福。两个月后，《爱心与教育》脱稿了。那时还没有“炒作”一说，但仅仅是凭着读者的口碑，这本书出版后至今畅销不衰，产生了出人意料的社会影响，我收到无数封泪迹斑斑的读者来信。这本书对我的意义至少有三：一是让我在更大范围内结识了更多的教育志同道合者；二是让我开始有意识地以教育故事或者说教育案例的方式，记录并传播我的教育收获；三是——我得坦率地承认——这本书为我赢得了巨大的声誉，让我成了所谓的“名师”。

3. 出席纪念苏霍姆林斯基八十诞辰国际研讨会

1998年11月，我去北京出席苏霍姆林斯基八十诞辰国际学术研讨会。最初我很自卑，因为与会者大都是中外著名的苏霍姆林斯基研究专家。因此当主持人王义高教授请我发言时，我根本不敢接招：“我是来学习的，讲不出什么理论。”王教授说：“谁叫你讲理论了？你讲你的故事就行！”这给了我信心，因为我的故事太多了。第二天，当我讲完故事时，坐我身旁的苏霍姆林斯卡娅递给我一张纸，赵炜教授当即给我口译，原来这是一段表达感动并鼓励我的文字，其中有“你是中国的苏霍姆林斯基式的教师”的评价。坦率地说，这个评价很高，但我能接受。因为所谓“苏霍姆林斯基式的教师”，就是富有爱心和智慧的教师，我觉得自己有爱心也有一定智慧。当然，“苏霍姆林斯基式的教师”不止我一个人而是很多，但我作为其中的一员，无比光荣。正是从那时开始，我的视野更加开阔，我对苏霍姆林斯基的学习和研究更加积极主动。这为我的教育实践注入了可持续的精神动力。

4. 温家宝总理的批示

2007年7月22日，我通过邮局投寄了一封平信，收信人是“北京国务院温家宝”。八天以后，我得知温家宝总理给了这封信一段长长的批语，然后转给当时的四川省省委书记。我写这封信的背景，这里略去不说。我想说，信的内容绝无任何个人要求，谈的全是平民教育。我呼吁总理支持平民教育。按当时的“国情”，总理批语的信自然会让各级政府“认真贯彻落实”，于是不只是我所在的学校，包括成都市乃至四川省的农村教育一时间都得到高度的重视。总之，这封信产生了极好的效果。也有人误解我，认为我给总理写信有点“那个”。但我认为，一个公民给另一个公民写信很正常。只有骨子里缺乏平等意识的人才觉得给总理写信怎么怎么。当然，这事我后来很少提起，因为我并不认为值得炫耀。在我们校园，看不到温家宝总理的批示，我在外讲学也极少提起。这次我写这篇文章也想过不提，但这件事的确是我成长历程中的关键事件之一。我得诚实。

二、关键人物

1. 谷建芬

当写下这个名字时，我心中充满了感激。其实，到现在我和谷建芬老师也没任何私交。刚大学毕业不久，为了让我的教育既有意义也有意思，我决定把我的班取名为“未来班”，并和孩子们一起设计班训、班徽、班旗和班歌。班歌歌词是全班每一个同学起草，经过我修改后交给音乐老师谱曲。可孩子们从他们的音乐课唱的谷建芬的歌中，喜欢上了这位谷阿姨，便提出：“能不能让谷建芬阿姨为我们谱班歌?”这个想法大胆而奇特，但当我们给谷建芬老师写信提出这个请求时，谷老师居然答应了。从此，她专门为我班孩子谱写的班歌《唱着歌儿向未来》就一直伴随着我的班主任工作。我之所以把谷建芬老师视为我成长历程中的关键人物，是因为三十多年来，我一直觉得她的目光注视着我，我因此而感到一种激励。她答应为我谱班歌，对我来说是一种“运气”，是偶然；但谱了歌之后，我却有意识地把她视为一种标杆，这是必然。每当我的工作有所懈怠时，我就问自己：连和教育没有直接关系的作曲家谷建芬老师都那么关心我的学生，我有什么理由不好好爱我的每一个学生并做好每一天的工作呢?

2. 王绍华

说起王绍华，绝大多数读者会感到陌生，但对我来说，这也是刻入我生命的名字。王绍华是我在成都市石室中学工作期间的校长。他当年诙谐而真诚地用“谈恋爱追对象”来比喻他希望我到千年名校石室中学工作的迫切心情，至今让我感动不已。但他对我的影响绝不只是感动。记得我刚到石室中学，他便问我有什么要求，我说我就希望能安安静静地当一名语文教师和班主任，王校长马上说：“好！我就让你当一名教师，并尽量创造条件让你朝名师和专家的方向发展。”我顿时有一种被理解的感动。以后王校长果然没有“打扰”我，我得以从容不迫地上课带班。关键时候他总给我有力的支持。1998 年 11 月，我想去北师大参加纪念苏霍姆林斯基八十诞辰国际学术研讨会，但不够某种“资格”，是王校长努力争取让我得以成行。我因此而结识了苏霍姆林斯卡娅，我的教育视野也提升了一个境界。两年后，当我提出要考博士时，王校长不但很爽快地签字同意我报考，而且还特意勉励我向著名特级教师顾泠元学习，说顾老师也是以一名中学教师攻读博士学位的。应该说，王校长在这两件事上对我的支持，都加速了我的成长。另外，王校长的仁慈、大度和智慧，都对我后来做校长有所影响。现在每当遇到困难，我往往会情不自禁地想，如果是王校长，他会怎么做呢？

3．朱永新

许多熟悉我的人都知道朱永新老师是我的博士生导师。但朱老师对我的影响，首先却不是知识和学问，而是他的为人。第一，他毫无功利地爱才。我当然算不上有多大的才，但他却把我当作“才”来爱惜与提携。我俩原本素不相识，偶然相见后，他便提出要调我到苏州工作，我婉言谢绝后，他又提出让我考他的博士生。博士毕业后，他希望我留在苏州工作，但我回到了成都。从那以后到现在，他多次对我表示出期待，可我每一次都坚守成都没让他如愿，但他依然一如既往地支持我、帮助我。不光对我，他还帮助了许许多多普通的老师，但从没要求回报。在我看来，他对人的帮助，就是他善良的自然流露。他总是希望所有有理想、有才能的人都能做出一番成就。第二，他胸襟博大。他曾亲口对我说过：“只有大胸襟，才能做大事业！”他的大气大度，感动了很多人，也包容了很多人。有时候我们都觉得他的宽厚到了“没有原则”的地步，但他总说：“谁没缺点？看人只看他的优点就是了。大家一起做事，需要彼此多包容。”这点对我影响很大。第三，他对教育全身心地热爱与投入。作为民进中央副主席、全国政协副秘书长和中国教育学会副会长，他有多忙可想而知。但他依然利用周末和节假日投身新教育实验，常常马不停蹄，甚至通宵达旦地奔波。他说：“我愿意为新教育打工！”我曾把他称作“中国教育第一义工”。现在，我无论多忙，只要想到朱老师，我就觉得自己的所谓“忙”实在不算什么。

4．雷福民

雷福民曾是成都市武侯区教育局局长。以前他在位时，我不便公开向他表达我的敬意和谢意，现在他退下来了，我写文章夸他，不至于被人视为拍马屁吧？我之所以把雷局长视为我成长路上的关键人物之一，固然是因为他给了我一个做校长的平台——当初我打算离开成都时，他给我发了一个短信：“明天到我办公室来一趟！”这条短信决定了我继续留在成都，也决定了我出任成都市武侯实验中学校长。但这还不是他对我最关键的唯一原因，甚至不是主要原因。主要原因还在于雷局长对我的理解与包容。所谓理解，就是他明白我的追求是什么，也知道我的长处和短处，进而给我以实实在在的支持。我说我当校长不是目的，搞平民教育才是我的追求，于是他把我派往郊外的一所农村学校（随着城市化进程，现在这所学校叫“涉农学校”）；为了不让烦琐的管理杂务缠住我，他给我配备常务副校长，把我解脱出来，让我脚踏实地专心致志地思考与研究。他不但理解我，更包容我。他了解我的个性，并宽容我的个性，尽可能给我以思想的自由，也给我行动的宽松，他甚至允许我不参加教育局的校长会。所以我在他面前说话从来坦诚直率，有时候甚至肆无忌惮。正是这种自由，让我这几年的心灵相对舒展，我的行动也相对潇洒。顺便说说，雷局长退了之后，他的两位继任者都延续了他对我的理解和宽容。这是我的幸运。

三、关键书籍

1.《青春万岁》

这不是一本教育理论书，而是一本反映校园生活的长篇小说。今天读来，这部写于上世纪50年代初的书，很是幼稚与粗糙。但当我在大三读这本书时，我却陶醉在书中纯净清新的校园气息中，被主人公的纯真健朗打动了，被作品洋溢的理想主义和浪漫主义所感染了。原来教育是这样的美丽而美好！《青春万岁》激起了我对中学校园的向往，它也成为我踏上中学讲台后给学生全文朗读的第一本长篇小说。

2.《给教师的一百条建议》

无论怎么评价《给教师的一百条建议》对我的影响都不过分。这本书我不知读了多少遍，每读一遍我都心潮起伏。书中包含哲理的语句，以及浓浓的人情味，让我痴迷，甚至让我感到我在亲耳聆听苏霍姆林斯基的教诲。我常常能够从字里行间读到我自己——我的故事和我的思考，进而坚定我的教育信念。这本书还影响了我的文风——寓思考于故事，在叙事中抒情，让思想闪烁着人性的光芒，这是苏霍姆林斯基教给我的写作风格。

3.《帕夫雷什中学》

在我看来，这是一部学校管理的百科全书。在书中，苏霍姆林斯基全方位地展示了他在德育、智育、体育、美育、劳动技术教育以及学生个性发展、教师专业成长等方面的探索实践。和作者的其他著作一样，该书同样以案例呈现其教育理念。“教育如童话般美丽”是这本书的精髓。可以说，我教育中的浪漫，正是源于《帕夫雷什中学》。

4.《陶行知教育文选》

这本薄薄的小册子蕴含着丰富的教育的爱、思想和智慧。打开这本书，一股浓郁的中国气派、生活气息会扑面而来，让人感到朴素亲切而又富有鲜明的时代感。如果我们细细清理陶行知先生为我们留下的丰厚的教育遗产，我们会强烈感受到他在教育实践中所体现出来的鲜明的民主精神。正是先生的民主教育思想，深深地影响了我，直到现在。

2014 年 11 月 19 日晚于北京至成都的航班上

一所桃李满园的学校

此刻，我刚从成都市金兴北路小学出来，心中充满感动。我赶紧拿出笔记本电脑，在出租车上写下我的感动。

从学校到我在市区的家有一个小时的车程，可见金星北路小学有多么偏远。是的，金星北路小学是武侯区离市区最远的学校之一。一千三百多名学生都是农民工的子弟，家长的文化素质都很低。冯伟校长告诉我，曾经有大学生分到这里后，没多久便调到城里去了，或干脆改行了。

但更多的老师不但留下了，而且至今坚守着。冯伟校长给我说起学校的老师，满脸的感动："我们的老师太好了，真的太好了！有着强烈的集体凝聚力，非常敬业，工作态度那是没说的，随时都想着为学校争光，特别看重学校荣誉。"正是这么一批老师，陪伴着孩子们生活，和他们一起成长。

走进校园，首先看到的是一群孩子正在操场上奔跑，仔细一看，他们正在踢足球。男孩中间还有一些女孩，也在疯狂地追逐。金兴北路小学以少年足球闻名，早在国家提倡足球进校园之前，这所学校的足球教育就已经红红火火，先后送了好几位少年选手进入中国少年足球队。操场的边上，是一排排朴素整齐的平房。这个学校没有楼房，连二层楼都没有。看着这些具有川西民居风格的平房，很容易让我们这个年龄的人想到小时候就读过的学校。那时的学校，不就是这样的吗？

还有那满目枝繁叶茂、果实累累的树。冯伟校长说，多年前他们特意在校园里种植了一些果树，其中桃树李树居多，寓意"桃李"。果然，我走在小路上，旁边几棵李树上正绿的、红的、紫的挤成一团。透过枝叶，远处操场上的孩子还在活泼地奔跑着。"桃李"的本义和比喻义同时出现在眼前，真是有趣。

作为新教育实验学校，金兴北路小学默默无闻而实实在在地行动着。在会议室，冯校长请几位种子教师给我汇报一下她们的具体做法和收获，老师们却说：“李老师，先去看看我们的教室，好吗?”于是，我跟着她们来到一间间完美教室：“毛毛虫班”“知乐班”“小蜜蜂班”“阳光班”……正是放学期间，孩子们正在收拾书包，打扫教室。看见老师们，孩子们都很有礼貌地问好。有孩子看见我用手机对着他，还给我做笑脸，摆造型，特别活泼可爱。

我们一边走一边看，老师们给我介绍、解释她们的完美教室。回到会议室，我们继续交流座谈。老师们谈了她们的做法和收获，也提了一些问题：“完美教室除了阅读，还可以做什么呢?”“我作为数学老师怎么做新教育呢?”“有些家长不配合，怎么办呢?”“我坚信没有爱就没有教育，但有时候我还是忍不住会对学生发火。这该怎么办?”……

就这些问题，我一一谈了我的想法——

毫无疑问，阅读是新教育最重要的行动。营造书香校园，是十大行动之首，所以朱老师曾经说，即使其他行动暂时还没做，只要首先把营造书香校园做好了，新教育就成功了一半。但是，不是说所有搞阅读的学校都是在做新教育，如果按这个逻辑，那从古到今每个学校都在做新教育。显然不是这样的。新教育实验的书香校园，有自己的阅读方式、阅读书目、阅读课程。但我想说的是，新教育实验学校到了一定的阶段，就不能仅仅是做书香校园。十大行动都可以做。同样的，对一个班来说，也不只是书香班级，还有卓越课程、家校合作、卓越口才、理想课堂等等，都可以做的。

是的，我们现在许多做新教育完美教室的班主任是语文老师，这给人一种错觉，好像新教育实验是关于语文教学中阅读教学的一个实验。我到一些地方去看学校，学校就让我给语文组老师谈新教育。当然，新教育要求教师读书写作，但这不只是语文老师的素养，而应该是所有老师的素养。苏霍姆林斯基说过这样的话，每一个教师，无论他教什么学科，他首先是语文教师！但这不是意味着新教育只能是语文老师搞。在全国许多新教育实验区，不少理科老师，包括数学老师一样地做新教育，一样地缔造完美教室，做得很好。因为新教育不是某一学科的实验。十大行动无论哪个学科的教师都可以做。比如，数学老师，你不但一样可以做十大行动，而且还特别可以在构筑理想课堂上下功夫。就说阅读吧，你可以用你的学科特点引导孩子不但阅读童话，阅读诗歌，还阅读科普，阅读科幻，等等。总之，理科教师在新教育实验中同样大有可为。

“新教育共同体”就包括孩子的父母。要告诉学生家长，不是你把孩子交给我教，而是我们一起来教！而且在教育孩子的过程中，老师和家长都在成长。新教育十大行动中，有家校合作共建。既然是共建，就不存在谁配合谁的问题，而是我们共同要做的事，义不容辞。比如，有的老师让家长轮流到班上来开讲座，利用自己的职业特点，讲教材上没有的知识，大大拓宽了学生的视野。离开了家长，这是不可思议的。

对学生发火一点都没有什么关系。教师也是人，人不可能没有喜怒哀乐。关键是，你和学生有没有情感与信任？孩子是不是依恋你？如果有了这份基于情感的信任与依恋，你有时候忍不住发火了，生气了，学生会比你还难受，他们会心疼你。他们会想，我们让我们的老师生气了，我们一定要改正错误，表现好一些，让老师不再生气。相反，如果孩子不喜欢你，没有感情，甚至恨你，就算你每天都装出笑眯眯的样子，孩子还是不买你的账，会觉得你的笑是装出来的，甚至笑里藏刀。教育就这么奇妙。所以，关键还是要和孩子建立情感与信任。

……

我对老师们提了两个建议：第一，要多读书，让自己成为一个有学问的人。一个老师，和学生第一次见面不可能靠什么爱心打动学生，因为爱心的表达需要时间。学生对你的第一印象，就是你有没有才，有没有学问。有才有学问学生就崇拜你。而才气和学问取决于你广博的阅读。第二，要勤写作。这里的写作，首先不是为了发表——当然，如果发表了，那只是意外的收获。我年轻时写的文字绝大多数都没有发表，永远也不可能发表。但这些文字记录了我的青春，记录了我的故事。这些故事就是我的生命。每个老师想想，几十年后你退了休，哪怕没有任何荣誉称号，但当你翻开你曾经记下的这些故事，你会热泪盈眶，或怦然心动。这就是幸福。

和种子教师们座谈了四十分钟，我们互加了微信。我来到阶梯教室，为全校老师做报告，题目依然是《新教育与教师成长》。我讲了许多普普通通的一线新教育老师的故事：敖双英、王兮、黄雪萍、秦敏、蒋长玲、杨芳、包虹婧、王玉梅……我强调，新教育不是做给别人看的，也不是完成校长交给的任务，更不是为了什么名利，为了评优选先或职称晋升加分，不，新教育是为了我们教师自己每一天的教育生活有意思。

在我讲述的一个小时中，所有老师都非常专注，可以说是目不转睛。一双双亮晶晶的眼睛感染着我。

我这样结尾：“对普通老师来说，新教育的意义是唤醒。唤醒我们沉睡已久的梦想与激情。无数一线老师通过新教育找到了自己的职业幸福，激发了自己的教育潜能，发掘了一个卓越的自己，这个‘卓越的自己’连你自己都感觉不可思议。开开心心也是一天，悲悲戚戚也是一天，你选择什么？也许我们一辈子都默默无闻，但这不妨碍我们把自己每一天琐碎的日子编织成我们生命的童话，导演成我们生命的大片。蒋长玲老师说：‘我并不领先，但我在行进；我并不优秀，但我很幸福。’这就是新教育。”

全体老师用热烈的掌声回应我。我看到有老师眼里噙着泪水。

走出阶梯教室，天色已近傍晚。老师们送我到校门口，和我合影，向我告别。我重新背起双肩包准备回家。回望校园，暮色中，幢幢平房前的果树枝繁叶茂，硕果累累。我对几位老师说：“以后我做报告，也许讲的就是你们的故事。因为我相信，以后你们也能成为我报告中故事的主人公。”

2016 年 5 月 30 日傍晚（出租车里）—晚上（家里书房）

新教育人物

XINJIAOYU
RENWU

朱永新：为新教育而生

朋友朱永新

说实话，第一次听说“朱永新”这个名字时我有点“恐惧”。

那是1999年夏，我去张家港市讲学，讲学完了我要离开时，高万祥兄告诉我：“明天到苏州吧，朱市长也要请你讲学的。”我问哪个“朱市长”，他说：“就是我们苏州市分管教育的朱永新副市长啊！”说实话，我这个人见到“当官的”便有一种手足无措、嗫嗫嚅嚅的“心理障碍”——我把它叫作“恐官症”，所以一听说“朱市长”就有点犹豫。高万祥解释说：“是这样，朱市长本人也是搞教育的，他现在还是苏州大学教授，主攻教育心理学、教育哲学等等，还带博士生呢！他搞了一个名师名校长培训班，想请你去做场报告。”他随即又劝我：“你就当作是和我们苏州市的老师们面对面的交流吧！”我想也是，日理万机的“朱市长”哪会到场呢！于是我便去了。

没想到报告那天，我刚到会议厅，一位身材魁伟的大汉就迎上前来，不由分说握住我的手：“你好！我是朱永新！”握住他的手，看着他脸上老朋友一般的笑容，我怎么也不能把他和市长联系到一块。恐惧当然没有了，但取而代之的是茫然：居然有这样的市长，一点架子没有，这不是“乱弹琴”吗？

按我以往类似的经验判断，朱市长要么在报告前“接见”一下我，以示礼节，然后就“百忙”去了，要么坐在主席台上，陪我做报告。我估计前一种可能性大一些，毕竟朱市长挺忙的，陪着我坐半天，浪费他三个小时，岂不是丢了西瓜捡了芝麻——何况，我的所谓报告可能连芝麻都算不上呢！

谁知道我“失算”了：朱市长既没有陪我坐主席台，也没有离去——报告一开始，他就在最后一排找了个角落坐下了！而且在整整三个小时关于《爱心与教育》的报告中，我一直能够感受到远处角落里朱市长那双全神贯注的、明亮而潮湿的眼睛……

报告刚一结束，他便走上来再次握住我的手：“讲得太好了！我都被你和你学生的故事感动了。”他又说：“我正在主持出版一套大型丛书‘新世纪教育文库’，我想把你已经出版的《爱心与教育》收进去！”

我真的很感动——这绝不是因为“市长”听了我的报告，我就多么受宠若惊，不，我是从朱市长听报告时那动情的面庞上，看到了他从内心深处自然而然流露出来的对教育本身的情感。

其实，我的所谓报告毫无学术性可言，不过就是讲讲我和我学生之间的故事而已，这些故事很平常、很琐碎，甚至有些鸡毛蒜皮，所体现的教育理念也很不时髦，更不前卫——无非就是说“教育不能没有爱”，但这些故事所蕴含的感情却很自然、很真诚。在这之前，也有一些我非常敬重的教育专家听过我的报告，但我从他们喜不形于色的严峻或者说稳重的表情中，知道我这些故事是很“浅薄”的，没有上升到“理论层面”，没有站在这个“主义”或那个“主义”的高度“建构”自己的“体系”。对此我很坦然，也觉得很正常：本来么，我就只是一个普通的中学班主任和语文教师！

但是，无论是作为苏州市主管教育的朱市长，还是作为教育学博士生导师的朱教授，他能被一个中学教师和他学生的故事所感动，仅此就至少说明，他尽管位居市长、身为教授却未泯赤子之心，他对教育，不，对“人”的一颗爱心依然素净而本色。

应该说，这是难能可贵的。

我对他油然而生敬意：在我眼中，他不是什么“教授”，更不是什么“市长”，而是一位爱教育、爱孩子的人！

也正是在这一点上，我感到了我和他在精神上的相通之处。

于是，我把他当作朋友，开始了与他的交往……

再后来，我考取了他的博士研究生。

常常有不少朋友问我：“朱永新现在真的还给你们上课吗？”我说：“那当

然！”朋友们往往还是不太相信：“他当市长那么忙，能保证按课表上的时间给你们授课吗？”我说：“朱老师的确有时候因工作繁忙而不能按时上课，但他一定会提前通知我们，并利用晚上或周末的时间将课补上。可以这样说，他从来没有缺过课！”

是的，别说其他人难以理解“朱市长”和“朱老师”是如何统一起来的，就连作为他的学生的我们也难以想象，给我们上课的朱老师，几分钟前可能还在市政府办公室“总揽全局”。

在苏州大学，我听说了不少他的故事。师兄陶新华谈及他和朱老师的“交往史”时很得意：“我读本科时，就是朱老师的学生了！”不过，陶师兄谈得最多的，是朱老师的为人：“我们那时和朱老师真是哥儿们！他当时不到30岁，是苏州大学最年轻的副教授，因此和我们很合得来。我们常常到他的宿舍去玩，在他家改善生活，师母经常弄些好吃的东西给我们大家一起品尝，朱老师常常不是叫我慢慢吃，而是要吃快点，因为他吃饭是很快的，他也要我们注意吃饭的效率。混熟了以后，到他家就比较随便了。有一次他不在，我们就擅自把他放在走廊（那儿当时就是他家的厨房）中烧饭的锅和煤炉拿到我们自己的宿舍去改善生活了。结果不知是哪位老兄把锅给摔破了，可我们当时还不知道，用完了就还到他家的厨房——宿舍走廊里去了。等朱老师回来忙自己的晚饭时，发现自己的锅莫名其妙地漏了，他当时很纳闷，当他知道是我们犯的‘错误’后，朱老师虽然哭笑不得，但最后也是一笑了之。”朱老师的豁达大度是所有的同学和同事都很佩服的，他做教务处长的时候，虽然把苏州大学教务处建设成为全国最好的大学教务处，受到教育部的表彰，但是仍有人不理解他、不支持他，甚至还打击他，可他不但没有与这些人发生过冲突，反而让这些人最终成为了他的好朋友。朱老师常常告诫我们：“要学会做学问，首先要学会做人，而做人首先要学会与人相处。要与人为善，要豁达大度，要以德报怨，你最终才能有所成就。”

我也曾经不太理解朱老师是如何将学者与官员这两种角色统一起来的。我向来认为，学者与官员之间的关系是天然冲突的，犹如思想家和政治家——前者是理想主义者，后者是现实主义者；前者多是批判者，后者多是建设者；前者往往以前卫自居，后者常常以保守著称；前者总考虑什么是最好的，后者总考虑如何才是可行的。所以，我向来对集学者与官员于一身的人不以为然：熊掌和鱼果能得兼乎？说得再直率一点，学者需要一颗纯净的童心，而官员于世俗中难免染污蒙尘；如果二者角色互换，其事业很难同时有成（我这里说的是“同时”，“学而优则仕”或“仕而优则学”不在我讨论的范围之内）；如果有人将两种角色兼而任之，我想他多半会陷入一种不尴不尬的境地。

但刚到苏州大学，我就读到了朱老师刚出版的一本题为《我的教育理想》的著作。这是一本洋溢着诗意与激情的书。作为有着理想主义赤诚情怀的教育学者，作者对我们民族的教育事业一往情深，并对中国教育的未来给予热切的呼唤：“教育的理想会奏响新世纪中华民族的英雄乐章，理想的教育会开创新世纪中国文明的灿烂辉煌!”书中一篇篇文采飞扬的演说词，如黄河之水天上来，奔腾着作者心灵的潮水，也激荡着读者的心灵，让读者也禁不住心潮澎湃，与作者一起憧憬“理想的教育与教育的理想”。这也是一本充满理性与智慧的书。作为有着深厚学术功底并同时担任着教育行政管理职务的领导者，作者对中国教育的过去、现在和未来有着客观的回顾、冷静的分析和科学的展望。作者首先是一个乐观主义的建设者，因而他对教育理想的所有情感都倾注在对理想教育的追求上，这就决定了他在思考、设计中国教育发展走向时，于忧患中看到希望，在批判中走向建设：“世纪之交中国教育的回顾与展望”“教育的现代化与人的现代化”“创新教育与教育创新”“基础教育改革的十大趋势”“中国教育发展的若干政策分析”“21世纪中国课程改革的趋势”……这些篇章，充分体现出作者作为教育行政领导者所具有的视觉制高点，高屋建瓴，大气磅礴，既着眼于“最好”，更着手于“可行”——正是在这一点上，作者把自己同那些在象牙塔里坐而论道的学者区别开来了，也同某些缺乏思想而只想把官当官来做的官员区别开来了。

有人对朱老师当官不以为然，觉得他当了官就不可能做学问了。我曾就这个问题专门问过他：“朱老师，作为博导，您同时又兼任着副市长，这种角色在您的事业中会不会发生冲突呢？您是怎么让二者和谐起来的？”

他是这样对我说的：“坦率地说，当市长和做学问不能说一点冲突都没有，至少我自由支配的时间就比过去少多了，但对我来说，这二者在本质上却有一个共同的指向，就是教育——作为教授，我是教育哲学博导；作为副市长，我分管教育。当然，由于毕竟多了许多行政事务，如果我不当市长而只当教授，也许我个人的学术成果会更丰硕一些；然而在市长的位置上，我却可以做我以前想做而做不到的事，也就是说，我可以在更广阔的空间里实现我的教育理想。如果说我过去的一些教育理想只是一种美好的憧憬的话，那么现在我可以在我职权范围内把它变成现实。比如，我一直反对初中招生电脑派位，因为我认为电脑派位限制的还是普通老百姓，有权力的、有金钱的都可以进入好的公办或民办学校。弱势群体得到的教育资源本身已经很少了，更可怕的是电脑派位让孩子从小就把自己的未来寄托在一个自己不能主宰的事情上，宿命论的思想从小就在孩子的心底扎下了根。不过，过去我只能这样想想而已；然而现在我当了分管教育的副市长，我就坚决不搞电脑派位，实行就近入学，允许自由择校，把对命运的把握权交给孩子。另外，如果说我过去只是一个人在思考研究教育的话，那么现在，我可以组织更多的人一起来思考研究并参与教育，比如我为我们的学校和教师争取了许多科研课题，并给他们创造有利条件。又如前面我提到的在全国产生强烈反响的‘新世纪教育文库’，就是我邀请包括李政道、于光远等国内外著名科学家、院士、学者精心推荐的，这是一项浩大的工程，如果我不是市长，要想做这样一件事，几乎是不可能的。虽然我自己可能因此少出了几本个人的学术专著，但是，能为广大的教师提供第一流的教育经典，我同样有成就感。”

我又问他：“可不可以这样理解——别人做学问是为了当官，或者说做学问是手段，当官才是目的；而你当官则是手段，目的是为了更好地做学问，并且做更大的学问，当然，你的最终目的是教育。”

“当然是这样！”他不假思索地坦然答道，随即又补充说：“我从来都把副市长当作我搞教育的有利条件，当作实现我教育理想的一个途径。对我来说，市长是暂时的，学者是永远的。如果哪一天我不当市长了，我随时都可以回到大学当教授。因为没有什么比我的教育理想更为崇高的了！”

是的，学者和官员也是可以和谐于一体的，关键是看他如何当官员，如何做学问。

朱老师首先是位理想主义者，在当今日益世俗化、功利化、物质化的社会里，“理想”和“理想主义”每每被人嘲弄，可朱老师却仍然高扬理想的旗帜，将他的一系列教育思考的文章以“理想”命名，专著也取名为《我的教育理想》，这让我怦然心动！作为在一般人眼中最“实际”的行政官员，胸中依然燃烧着一颗赤子之心，更是让人欣喜与振奋。在中国的教育界，不缺有深厚的学术功底的学者，但这些学者中少有同时具备人间情怀而乐于直面现实的身体力行者；也不乏有宏伟抱负的官员，但这些官员中少有充满理想主义精神的性情中人；而有思想、有才华、有胆略、有激情、有个性的教育学者官员，更是很少很少。我由此而发自内心地敬佩作为“朱市长”的朱老师，或者说作为“朱老师”的朱市长！

有一次我和他一起去出席一个全市关于教育科研的大会。作为一个主管教育的副市长，在这样的场合说一些怎么理解都正确而且永远正确的套话官腔，应该说也是可以理解的。但是，朱老师一句这样的话都没有；相反，我倒是听到他针对教育科研说了这样一番尖锐犀利的话——

“现在教育科研存在着种种虚假现象，有的所谓‘教育科研’简直成了‘伪科学’！当然，‘伪科学’的教育科研还最多是个‘假’的问题，一般来说，它还不会造成对学生直接的危害。而现在有的‘教育科研’还存在着‘反教育’的现象！这种‘反教育’的教育科研造成的后果，则不但与我们的教育初衷背道而驰，而且还直接损害着我们的教育。举个例子，近年来，有些地方进行所谓学生‘智商’的‘教育科学研究’，通过‘测评’‘计算’‘统计’‘分析’等等方式‘研究’出学生的‘智商’，然后将这个‘科研’结果反馈给相关教师甚至家长。这样的‘科研’不仅仅是典型的‘伪科学’，而且是极为有害的‘反教育’，因为它向教育者‘科学’地宣布：某某学生智商低。如此‘教育科研’的危害，不但误导了教师，伤害了学生的自尊心、自信心，最终将损害学生的一生。因此，还教育科研真正的科学性和实事求是的作风，让教育科研真正姓‘科’，是非常重要的。”

朱老师正是在这些地方显示出他拥有真正学者才具有的实事求是的品格和学风。有一段时间，我正在读某著名专家的著作，该著作晦涩难懂。我很苦恼地对他说：“朱老师，我，我读不懂××的书。”

我原以为朱老师会给我一些指导，比如告诉我一些读懂该书的方法之类，谁知朱老师很坦然地说：“读不懂你就不要读嘛！你完全用不着自卑。老实说，对于有些‘教育理论’我也读不懂，我就从来不会因此而自卑。有些‘教育理论’书之所以让人读不懂，我看多半是因为作者本人也没有把他的‘理论’搞懂。

我自己也有这方面的体会。当年我的博士论文是一本 10 多万字的书《高校教育管理系统》，十分难读，至今还有 2000 多本无人问津。这能怪读者‘水平低’吗？我看不能，只能怪我自己不能深入浅出地表述自己的思想。而我去年年底出版的《我的教育理想》，同样是谈教育的，同样有理论，但首版 4000 册，一个月便脱销。这也不是读者的水平‘提高’了，而是我能够用比较通俗的语言表述我的教育思考。我以我自己的这个例子，是想说明教师们读不懂的文章或书，责任往往不在教师，而在作者。因此，你完全没有必要被一些貌似高深的‘理论’吓唬住，更不要迷信它们。以极为平易朴素的语言来表述非常深刻的哲理，这才是真正的大家！”

其实文如其人。生活中的朱老师也如他的著作一样，于朴素平易中自然而然流露出真诚与深刻。研究课题、探讨热点、编辑著作、修改文章……领头的无疑是朱老师，但我们往往忘记了他是老师。他不但在学术上引领着我们，在事业上提携着我们，而且在做人方面感染着大家。有两位硕士生家里生活比较困难，朱老师便长期资助他们。每年他都拿出上千元钱来设奖学金，奖励上学年最勤奋的学生。不光受到资助和奖励的学生感谢他，我们也很感动。可他却觉得这很平常，相反，对于我们协助他做的每一件事，他都记在心里，并向我们表示感谢。有一次他写一篇长文，作为学生，我按他的要求帮他搜集整理了一些资料。结果，文章发表后，我看见结尾的括号里居然有一行字：“本文在写作过程中承蒙李镇西博士帮助搜集整理资料，特致谢意！”我说：“朱老师，你怎么这么客气呢？”他说：“不，不是客气。我真是很感谢你！”再后来，他居然说要把稿费分一部分给我！当然被我“断然拒绝”。

他对我说过：“我从来就是把大家看成是合作的伙伴，没有大家，我也会一事无成。”我相信，这是他的心里话。

而且，尽管他已经是我的博导，但在我的心中，在他所有的学生心中，依然首先是把他视为朋友。

一个月前的新年前夕，朱老师又和我们搞了一次迎新聚会（当然是他掏钱啦）——我说“又”，是因为每年年底，他都要把他历届硕士、博士研究生们召集在一起，总结过去一年的学习，交流各自的收获，展望新一年的方向，然后当然是于灯红酒绿、觥筹交错之中互致新年的祝福，最后师生载歌载舞，踏着欢快而富有激情的旋律走进新的一年。

呵呵，在这样的场合，“朱市长”就更“有失身份”了！学生们除了上前向他敬酒，以表达对恩师的感谢之情，更多的时候是拿他“寻开心”：比如要求他与其夫人喝交杯酒，或者要他和我们一起做个游戏什么的……而这时候，我们的朱老师总是那么听话，当然也有一点儿尴尬。就在那天的酒席上，主持人陶新华设计了一个“照镜子”游戏，就是要求朱老师把在场所有人都当作镜子，他有什么表情我们就做出什么表情，他有什么动作我们就做什么动作，他说什么话我们就说什么话……朱老师真的乖乖地站了起来，面对着大家，可他不知所措，嘴里情不自禁地小声说：“要我做什么呀?”大家立即学他说：“要我做什么呀?”他好像猛然被大家的声音吓了一跳，又忍不住说：“你们在干什么?”大伙儿又齐声说：“你们在干什么?”他又一愣，下意识地用手理了理头发，全场的人也学着他理了一下头发。他好像终于明白了什么，憨态可掬地笑了：“嘿嘿嘿嘿……”大伙儿也笑了：“嘿嘿嘿嘿……”

看着朱老师那纯真的笑容，我想到第一次听到“朱市长”时的“恐惧”，不禁也笑了：这样的朋友，哪值得我“恐惧”?

2002 年 1 月 24 日

导师朱永新

在听朱老师的课之前，我已经听过其他博导的课了：王金福老师丝丝入扣的逻辑力量、崔绪治老师出口成章的诗化语言、任平老师恣肆汪洋的思想波涛……无不让我醍醐灌顶，心灵在受到撞击的同时又舒展而奔放，并且盼着下一次的课。

我正是带着同样的期盼走进朱老师的课堂的。然而比起上面几位教授，朱老师的课具有完全不同的风格。如果说前面提到的几位老师的课是浓墨重彩、气势磅礴的油画，那么朱老师的课则是轻描淡抹、潇洒随意的国画。坦率地说，他的课并不以语言魅力见长，但同样具有吸引力。这种吸引力与其说来自他的学问，不如说来自他身上自然而然体现出来的亲切。这样说吧，上其他老师的课，我会感到学问的高贵与深不可测；而上朱老师的课，我会感到学问就在我的生活中，触手可及。面对其他教授，我会有一种发自内心的崇敬之情；而在朱老师的课堂上，我每每会忘记他是老师，因为他总是以商量的口吻与我们四个博士生一起平等地探讨。朱老师上课，完全没有我原来想象中口若悬河、气贯长虹、高屋建瓴、披荆斩棘的气势，他总是笑眯眯地听我们聊天或者与我们聊天。一上课，他往往是这样开头："我们今天来讨论一下……"于是他便抛出个话题："师生关系""教育公平""教育民主"等等，然后他便叫我们各自聊聊自己的想法。"你说呢?""你的看法如何?""嗯，很好！还有没有补充?"……这是他授课的常用语。等到他发言时，往往这样开头："我是这样看这个问题的……""我们可不可以这样来看这个问题……"他的话并不多，但往往画龙点睛，于朴素晓畅中流淌出深刻，而又绝不阻挡我们思维的飞翔，更无居高临下的"学术威严"。就在这样宽松和谐而又不乏思想碰撞的氛围中，我们每每在"山重水复疑无路"之际进入"柳暗花明又一村"的境地。

三年来，朱老师对博士生的态度总是那么宽容，哪怕他不同意我们的观点，也不轻易批评，而是以商量的口吻予以引导。

记得有一次上课，朱老师谈到杜威的儿童中心主义，我表示不同意，当即和朱老师争论起来："我以前一直以为杜威是儿童中心主义，但最近看了杜威的著作，感到他虽然在教育的具体过程中提倡充分尊重儿童的兴趣，但从根本上说，他还是社会本位，而不是儿童本位。他的整个教育目的都是服从于社会的。"

所谓"争论"，其实只是我一厢情愿的感觉，因为朱老师并没有和我争论，他听完了我的话，没有表示赞同或反对，而是依然微笑着说："嗯，这个问题当然还可以讨论。不过，我建议你多读一些他的著作，然后再做结论，这样是不是要好些呢?"

后来我按朱老师说的，更广泛地读了一些杜威的书，于是在我的博士论文中就有了这样一段——

> 有人以杜威提倡"儿童中心主义"为理由，认为其教育目的观是"个人本位"，也有人以杜威主张"实用主义"为理由，认为其教育目的观是"社会本位"。事实上，在杜威那里，儿童是教育的出发点，社会是教育的归宿点，正像两点之间形成一条直线一般，在教育出发点的儿童和教育归宿点的社会之间，形成了教育历程。由此我们看到，个人

与社会的统一或者说个人的成长与社会的改造的统一，正是杜威所思考并追求的教育目的。

朱老师可能已经忘记了那次“争论”，但我忘不了——正是那次他看似淡淡的几句话，把我的思考引向了深入，最后对杜威得出了这样的结论。

曾经有一个网友给我说，朱老师在网上给他留下的最深印象，是他博大的胸襟，无论有人冲着朱老师发出怎样“大不敬”的帖子，朱老师从来都是呵呵一笑而已，从不往心上去。其实，和朱老师零距离接触，我早就感受到他博大的胸襟了。作为博导，他这种胸襟体现为虚心听取他人的不同意见，包括向学生学习。

我敬重朱老师，但决不盲从。他多次说我把他拉进了网络，呵呵，这是我“不听他的话”的一个典型例子，也是“他听我的话”的一个有趣故事。最近他在一篇文章中写到我时，还专门说到这事儿——

> 李镇西特别喜欢网络。经常在课堂上说起“网事”。我曾当面“批评”他，不要像中学生那样沉湎于网络！但是，他我行我素。更有意思的是，有一天，他和晓骏、卫星等竟然密谋把我拉下了水，拖进了网。他们说，著名学者都有自己的网站，朱老师当然应该有！就这样，去年六月，我们的网站开张了。

还有一件事，也可以说是我对朱老师的影响，那便是对翔宇集团的看法。我多次去翔宇集团，觉得翔宇集团买下宝应中学是一次成功的办学体制改革。但当时朱老师还不太了解翔宇，刚听我说翔宇把宝应最好的中学买下了，他马上说：“我认为这不对！你要买就应该买最差的学校！”当时我没有和他多争论，只是说：“有时间你最好亲自去看看。”于是，朱老师便去了。考察的结果，让朱老师改变了对翔宇的看法，他对卢志文的改革赞不绝口。以后在许多场合，他都为民办教育的生存呐喊。

朱老师就是这样，哪怕是学生的意见，只要他认为对，就虚心采纳，从不因所谓老师的尊严、博导的面子而固执己见，真正是虚怀若谷！他这也是在用自己的行动教我们如何在做学问中做人，或者说如何在做人中做学问。

回想三年来，他从来没有把他的任何意见强加给我过，他对我总是那么信任、那么宽松，而且充满鼓励。

因为我没有读过硕士，基础不算好，特别是因为我长期在一线工作，纯理论的思考不多，因此我常常觉得自己不如别人；特别是我英语基础差，每每自卑。而朱老师总是对我说："没问题!"

"没问题!"是他对我说过的最多的一句话。

正是在他的鼓励下，我拿出了比别人更多的毅力和时间刻苦攻读。常常在深夜12点以后还在啃理论书，在凌晨4点就起来背英语单词！有一天，朱老师告诉我："我问了其他博导，他们都说你是最勤奋的学生!"这点我问心无愧，每天早晨打扫房间，我会心疼地发现掉在地板上密密的头发——这便是我呕心沥血的见证！读博三年，我的头发急剧减少，因为我的付出的确超过了一般的博士生。我总是在心里告诉自己：不是有人怀疑朱老师招我做博士生的动机，也怀疑我李镇西这个博士的分量吗？我就是要为朱老师争气，也为我自己争气!

开始博士论文的写作了，朱老师问我选什么题目，我不假思索地说："民主教育!"

朱老师一如既往地鼓励我："好，你就写这个吧！你有长期一线教育的经历，一定能够写好的。"

可是，我也说了我的顾虑："我怕写不好。"

"为什么?"

"那种所谓学究气的文章我不会写。"

朱老师朗声说道："你别怕，大胆地进行写作创新！只要言之有物，有思想，用散文笔法写论文，有什么不可以？我就希望你能写出与众不同的博士论文呢!"

正是在朱老师的鼓励下，我开始大胆地按我的写作风格写博士论文。在写作过程中，我在成都家里常常就一些问题打电话向他请教，他总是给我以具体的指导，有时还给我寄来一些相关资料。我感到他的指导不是把我的思维纳入他的思想，他从不对我说"你这个想法不对"或"你应该这样"，而是充分发现我思想中的积极因素，然后将其升华扩展，同时又尽可能给我更多的资料选择，拓宽我的视野与思路。

今年4月我赴苏州参加预答辩，预答辩之前我准备将论文草稿印一份给朱老师，当时他正要去北京开会，我怕影响他让他太累，便有些犹豫是不是等他从北京回来再给他看。他说："没问题！我在飞机上可以看，开会也可以看的!

呵呵!”

他是预答辩的前一天才从北京回来的，到后立即与我联系，说要当面给我谈论文。但因为他的公务相当繁忙，于是我们便约定晚上吃饭时边吃边谈。

那天晚上是苏州工读学校的校长请我吃饭，当然同时也请了朱老师。约定的时间到了，朱老师却仍被公务缠绕，他来电话叫我们先吃着，不要等他。但我们哪能不等呢？可好不容易等到他来了，诸位正要举杯，朱老师却扬扬手中那本论文说：“你们吃着吧，我先和镇西谈谈论文!”

就这样，朱老师居然就在丰盛的饭菜旁，与我谈起了博士论文。阵阵诱人的香味扑鼻而来，朱老师硬是“富贵不能淫”，一页一页地翻着我的论文，给我指点：“这里，对传统教育是否否定得多了一些?”“我认为，平等是民主的灵魂，其他都是派生的。当然这只是我的观点，供你参考。”“你这一节写的是中国民主的进程，但我认为应该写中国民主思想的进程。你说呢?”……

仍然是平等协商的口吻，但朱老师的指导非常细致。我看我的论文上几乎每一页都留有他批改的痕迹，密密麻麻的，连错别字都一一改正了。我很感动——短短两天，朱老师在飞机上，在会场上，读我的论文竟然是如此之细致!

最后，朱老师把论文交给我，热情澎湃地对我说：“没问题！可以预答辩!”

当天晚上回到寝室，我再次拿出论文翻看，仔细研究朱老师的批改，感到朱老师对我既宽容得近乎客气，又严格得一丝不苟。说他宽容得近乎客气，是因为他的每一条修改意见都充满了对我的尊重，都是以商量的口吻给我指出，比如：“出处也是尊重作者和出版者的形式，也是‘民主’吧？一笑。”看着这“一笑”二字，我眼前便马上浮现出朱老师那真诚的笑容。说他严格得一丝不苟，是因为他对我许多地方的修改，严密准确得到了近乎苛求的程度——不仅仅是诸如把“人格的感染”改成“人格的引领”，把“民主教育思辨”改成“民主教育的思想源流”之类的修改，甚至连错别字、掉字等打印错误都一一帮我改正了，朱老师的心细得连一个英文字母的错误都没有放过!

在第二天的预答辩中，其他导师也给我提了一些修改意见，在接下来的一个月时间里，我按朱老师和其他老师的意见对论文重新进行了比较大的修改。然后按要求印制成册，投寄给各位导师。

眼看着论文答辩的日期一天天临近，我有些莫名地紧张起来。

按说我在外做报告，上千人的场面都多次经历过，从来没有紧张过，这次面对的不过是几个人，我紧张什么呢？

其实，我说得不对。我面对的连“几个人”都没有，不过就是一部电话机！——因为非典，我不能去苏州，于是教授们便决定让我通过电话答辩。

这毕竟是博士论文答辩，我三年的心血是否能被承认，全在此一举啊！我在网上给朱老师发去短消息：“我很紧张，怎么办？”

很快收到他的回信，很短：“No problem！”（“没问题！”）但就这一句，就让我心里踏实了！

2003 年 6 月 1 日下午，博士论文答辩委员会的电话打到了我的家里。手握话筒，我镇定地陈述着论文的内容，并从容回答着导师们的提问。尽管在整个过程中，我没有听到朱老师的声音，但我能够感觉到他那充满鼓励的目光。

答辩结束后 30 分钟，电话又打到了我的家里，是任平教授热情的声音：“李镇西，告诉你，经过刚才各位委员投票，你的博士论文通过了！祝贺你！”

我不住地说：“谢谢！谢谢各位老师！”

在那一刻，我仿佛看到，千里之外的朱老师脸上那欣慰的笑容！

正当我觉得大松了一口气的时候，第二天上午，朱老师便把电话打到我办公室，一一给我转达各位评委对论文的看法：“对你的夸奖我就不说了，我只说他们提的意见！当然，这些意见也只供你参考！虽然答辩通过了，但我还是希望你的论文能够继续修改得更完美一些！”

对着话筒，我用笔一一记下朱老师转达的意见，然后情不自禁再次拿起那本被朱老师修改过的论文草稿，久久凝视着——

这是一件珍贵的“文物”，我一定要永远珍藏！

2003 年 6 月 8 日

旗手朱永新

朱永新有很多头衔——中国民主促进会中央委员会副主席，第十二届全国政协副秘书长、常务委员会委员，中国教育学会副会长，等等；还荣获过“中国十大教育英才”、改革开放 30 年“中国教育风云人物”、国家新闻出版总署“全民阅读形象代言人”、“为了公共利益”年度人物等荣誉。

但在我和中国千百万一线教师的心目中，他有一个朴素而崇高的称呼：“朱老师”；对当代中国教育来说，他还有一个很重要的身份——新教育实验发起人，是当代中国新教育的旗手。

朱永新先生在中国教育领域勤奋耕耘了35年，学者与官员的双重身份让他对中国教育的思考和研究，有着异于常人的深度。多年来，他笔耕不辍，著作等身，其教育思想影响中国，并辐射世界。有《朱永新教育作品》（十六卷），被译为英、日、韩、阿拉伯等多种文字；他主编“当代日本教育丛书”“新世纪教育文库”“新教育文库”等30余种丛书；2016年的《中国教育改革大系》（十卷）更被誉为“研究中国教育改革与发展的扛鼎之作”；他先后多次主持承担联合国教科文组织委托研究项目。

我是1999年夏天偶然认识朱老师的。当时他是苏州市分管教育的副市长，百忙之中的他听了我一场三个小时主要以一个个教育故事为内容的报告后，热泪盈眶。坦率地说，在我的视野中，能被一线老师的教育故事感动得热泪盈眶的官员是不多的，朱老师能够被教育故事感动，证明他依然有一颗纯真而纯正的教育心。我们因此成为了同道者。于是，我考取了他的博士生。在读博期间，我亲眼见证了他对教育的思考，见证了新教育实验在他心中的萌发，然后诉诸笔端，最后落地于一个又一个学校，直至在全国形成燎原之势。所以我曾对朱老师戏言：“我见证了新教育的受精。”

在朱永新老师身边读博的日子里，他思考并和我讨论得最多的问题是：什么样的教育是理想的教育？这个问题当然不是从抽象的理论出发的，而是有着鲜明的现实针对性。因为中国基础教育实在是弊端太多，他心疼孩子们在应试教育中所受的折磨，忧虑中国的未来是不是有足够的富有健全人格与创新精神的新一代公民。然而，朱永新老师不仅仅是个问题的发现者和批判者，更是一个教育的建设者和行动者。这就是他提出新教育实验最朴素、最深刻也最有良知的初衷。

朱永新先生对中国教育深具远见。他认为，教育应该“让师生过一种幸福完整的生活”，教育者应该思考和追求教育的终极意义，治疗当前某些畸形的教育现状。2000年，他在《我的教育理想》一书中，用远大的教育理念深入探寻未来教育的理想和理想的教育，勾画出21世纪教育理想的灿烂和辉煌，阐述了教育的伟大使命和责任，由此萌发新教育实验的种子。

2002年，新教育实验全面启动。“教育在线”网站的开通、《新教育之梦》的出版、昆山玉峰实验学校的挂牌，标志着这一民间的教育改革行动正式铺开。

新教育实验是一项极富改革性和创新性的行动。它以教师的专业发展为起点，以十大行动为途径，以帮助新教育共同体成员过上一种幸福完整的教育生活为目的，一改过去应试为主的教育面貌，使得学生的生存状态、教师的行走方式、学校的发展模式、教育科研的范式为之一新，焕发出勃勃生机和幸福光彩。它还因此成为了中国教育科学“十五”规划重点课题。

新教育实验已持续发展16年，截至2016年7月，在全国拥有县级实验区120个，实验学校3000多所，先后培育网师学员2000多人，种子教师700多人，萤火虫义工400多人，因其受益的教师、学生、家长不计其数。新教育实验唤醒了无数教师，改变了他们的职业态度，促进了他们的专业成长，并使其获得了自己的教育幸福。

许多人追随朱永新老师，既是追随他的教育理想，也是追随他的高尚人格。作为全国政协副秘书长和民进中央的副主席，他的分内工作并非教育，他的分内事是做好民进中央副主席的一些常务工作，就这份工作，已相当忙了。但他这么多年来还做着一份义务的工作，就是新教育！而且这份工作是没有报酬的。几乎每个周末，每个节假日，每个休息日，他都在路上，在学校，在中国最偏远的地方，为新教育忙碌。作为新教育实验的总设计师，他不仅仅是提供思想而已，朱老师还深入教育一线，和普通教育者面对面座谈交流，他走遍了中国每一个新教育实验区，和千千万万一线教师成了知己，和许多孩子成了朋友。朱老师就是这样思考着中国教育，并身体力行地推动着中国教育。朱老师所做的，应该是教育部部长做的。但朱老师做了，而且做得心甘情愿，忘我投入，这实在让许多人感动。所以我说，朱老师是中国教育第一义工！

当然，在中国无数被朱永新老师引领和影响的人中，我无疑是受益最多的一个。我曾在一篇文章中把朱老师称作我成长历程中的“关键人物”。在认识朱老师之前，我只是一名热爱孩子并对教育有初步思考的一线教师。师从朱老师读博以及跟随他做新教育之后，我的教育视野更开阔了，教育思考更深入了，教育理想更饱满了。我的许多产生了广泛社会影响的重要著作，比如《民主与教育》《做最好的老师》《幸福比优秀更重要》等，都是在读博之后写的。更重要的是，朱老师给了我一份更加神圣的教育使命感。以前我发誓不当校长，就做一名教师，正是朱老师告诉我，我们应该以更有力而有利的行动参与并推动中国教育的改革，而做一个真正的校长应该是践行理想的选择。于是，我在成都城郊结合部一所涉农学校当了九年校长，践行新教育实验，从事平民教育。我在我的校园里，开辟了“苏（苏霍姆林斯基）园”“陶（陶行知）园”和“新（新教育）园”，根据我校学生的实际，将新教育理想与平民教育思想整合起来，变成课程和教师每一天的教育行为。我的教育探索不但赢得了孩子和家长的认可，受到社会各界的点赞，还得到时任国务院总理温家宝同志的高度评价，他亲笔批示道：“李镇西校长走的乡村平民教育之路是正确的，他和同事们通过‘提升教师、关爱孩子和影响家长’三件事，让孩子们享受优质教育，富有创意，符合实际，抓住了素质教育的关键问题。他们所从事的事业是高尚的，我向他们表示敬意。”在这封推荐信里，我用了如此篇幅说我自己的这一切，就是想说，如果没有朱永新老师的影响与引领，我的教育是不可能达到这个高度的。

朱永新老师及其新教育实验，赢得了中外学术界和媒体的高度评价。每年一届的新教育国际论坛，都有中外教育学者研讨新教育实验，美国教育学者、休斯敦特区教育测量与统计专家叶仁敏先生还专门对新教育实验进行了实证研究，证明新教育在诸多方面取得的成绩。

日本教育家佐藤学评价：“我们所面临的21世纪的问题，解决上述问题的可能性孕育在进行教育革新的新教育中。”

澳大利亚教育学者本杰明·切瑞说：“我深信在中国，充满生命力的新教育方式与世界上最悠久优良的传统相遇，新的事物将会诞生。”

中国教育学会原会长顾明远先生对新教育实验非常重视，他说：“我希望新教育实验的理想和梦想能在中华大地上早日实现。”

著名教育家、江苏情境教育研究所所长李吉林评价：“简单地说，‘新教育’对教师来说，是大家都能参与，大家都有希望，大家都可以不同程度地享受教育的快乐与幸福，因为朱永新先生追寻的是属于大众的‘新教育’。”

新加坡作家、画家、法兰西艺术研究院驻外院士陈瑞献赠送画作《柿红》给新教育实验，并说：“橘红，是智慧的颜色，是了不起的颜色，也是新教育的颜色！”

著名作家、华严集团董事长徐锋说：“如果让我给新教育的社会功能做一个定位，我认为，新教育是在给一个病人——中国教育，做一次准确的基因修复。大家从事的，是一项注定要走进历史的、伟大的、关系中国教育成败的基因修复工程。”

中国教育学会原常务副会长陶西平评价：“新教育实验如一条鲇鱼放进了鱼缸，必将搅动中国教育这一缸水！”

中央教科所原所长、中国陶行知研究会会长朱小蔓评价：“新教育团队这十年来的探索，是开拓性的，创造性的，他们已经贡献了很多，还将会有更大的贡献。”

著名教育家、21世纪教育发展研究院院长杨东平认为：“新教育实验具有实践性。新教育的实践有别于学院派的研究、行政化的实验，反映出了第三条道路：自上而下的参与来唤醒教师的参与。”

《人民教育》杂志社原总编傅国亮评论：“新教育实验，我认为应该说是素质教育的一个具体模式，一个成功的模式，一个有效的模式。”

除此之外，中国各大权威媒体也对朱永新领衔的新教育实验有着良好的评价。

中央电视台《心灵的教育》节目中说：“与此同时，相对以分数为主要导向的应试教育，新教育注重与人类的崇高精神对话，强调一个人的精神发育史就是他的阅读史，并且通过晨诵、午读、暮省的儿童生活方式，让学生拥有一个博爱而敏感的心灵，重塑他们的精神世界的蓝图。”

《中国教育报》评价：“‘生于毫末’的新教育实验虽然尚未成就‘合抱之木’，却已成为当今中国教育改革的一枝奇葩。”

《南风窗》评价：“希望工程是一项增添书桌的工程，侧重于物质；新希望工程（新教育）是一项有了书桌后塑造一个什么样人的工程，注重于精神。”

朱永新先生对中国教育深沉的爱，让理想成为现实。他在中国教育研究及发展方面的杰出成就和深远影响，正与“一丹奖”以教育提升人类福祉、让世界变得更美好的愿景不谋而合；联合国呼吁各界“确保包容和公平的优质教育，让全民终身享有学习机会”，而新教育实验正以“过一种幸福完整的教育生活”的实际行动予以了证明。

千百万师生的实践及其成果已经证明，新教育实验已成为中国素质教育一条有效的路径，而朱永新先生已经成为引领教师成长的一面光辉的旗帜！

2017 年 3 月 12 日

杨芳：心灵随新教育而飞翔

刚任武侯实验中学附属小学校长不久后的一天，我在食堂吃早餐。一位年轻女教师走过来，说："李校长，我昨晚梦见你了！"

我一下子感动起来：好纯真的小学老师啊！我说："谢谢！请问你叫……"

她说："我叫杨芳。"

我问她梦见我什么了，她说梦见我给她讲新教育。哦，我知道了，与其说她梦见我，不如说是梦见了新教育。

听说武侯区成立"李镇西名师工作室"，杨芳找到我，请求我一定要收下她做徒弟。我说："抱歉，名额早已满了。"但她急切地说："李校长，您就让我做个编外徒弟吧！只要每次能够参加您的活动我就满足了。"

这样，她果真成了我的编外弟子。

和一般小学老师一样，杨芳特别单纯。她说她之所以想跟着我学，就是看中了"李镇西名师工作室"是用新教育实验来引领教师成长。"我没其他想法，就想搞新教育，因为我想更快地成长起来。"

我是严格按新教育理念来要求工作室成员的：打造书香班级、缔造完美教室、构筑理想课堂、专业阅读、专业写作……作为编外弟子，杨芳做得一点都不比别人差，甚至有些方面还做得更好，比如，她和孩子"共读共写共同成长"，一年下来，她读了 30 多本书，写下 3 万多字的教育随笔，还开发了"舌尖上的四川""听爸爸妈妈的故事"等"家长参与课程"。

不到一年，新教育让杨芳有了更多的教育智慧，也让她和她的孩子们享受到了成长的快乐和教育的幸福。新教育的种子在她的心灵深处慢慢开出花来。

一

江腾飞是个成绩不好的男孩。在杨芳看来，比成绩不好更令人头疼的是，江腾飞对成绩不好已经无所谓了。

要尽可能唤醒每一个孩子的希望，这是新教育的理念。杨芳没有泄气，她在等待，在寻找走进这孩子心灵的机会。

一天，江腾飞要添加杨老师为QQ好友，杨芳“受宠若惊”，欣然接受。更让她惊喜的是，她看到了江腾飞的QQ签名——“如果世界上没有不及格的试卷，那该有多好！”

这看似随意的签名，却让杨芳看到了他真实的内心。“我一定要帮帮江腾飞！”她在心里对自己说。怎么帮呢？杨芳想到，孩子表面上对成绩无所谓，但实际上又渴望“没有不及格的试卷”，这说明他还是在乎成绩的。那我就干脆给他一张及格的试卷吧！因为有时候，成功是成功之母。

批阅试卷时，面对江腾飞那错误连篇的卷子，杨芳一一手下留情，每道题都少扣一点分。结果江腾飞及格了！

拿到60分试卷，江腾飞表现出从未有过的意气风发。接下来，在老师评讲试卷的课堂上，他一直坐得端端正正，听得聚精会神。

杨芳喜上眉梢，随即及时鼓励江腾飞。杨芳坚信，只要孩子有了信心，他就能迸发出学习的潜力。果然，自信的种子在江腾飞身上潜滋暗长，破土而出，他上课专注了，作业认真了……接下来的测试中，江腾飞凭自己的实力考上了60分！

“我要考上70分!!!!!!!”江腾飞的QQ签名后面加了无数个感叹号。这是他的下一个目标。在当初，这个分数看起来是那么的遥不可及，甚至是奢望，但是对现在的江腾飞来说，却像是近在咫尺。后来的事实证明，自信满满、干劲十足的江腾飞的确做到了——他第一次考了70分！

“江腾飞，你能考上80分吗？”杨芳乘胜追击，试探地问他。

他的大眼睛转了几下，好像有些拿不准：“这……”

“行，肯定行！只要你加油啊！你看原来你只能考三四十分，后来能考及格，现在还能上70了，一切皆有可能啊！你说对吗？老师和同学们都好佩服你！”在他犹豫的时候，杨芳使出浑身的力量鼓励他。

“真的吗？”他问杨老师。

“绝对没问题！”杨老师斩钉截铁地回答他。

江腾飞笑得合不拢嘴：“好嘛，我加油！”

杨老师得到了一个男子汉的承诺。

连续考了两次七十几分后，江腾飞终于攀上了他学习上的又一个高峰：考上了80分！

江腾飞的高兴可想而知，杨芳却比他更兴奋。江腾飞体验到了学习的成功，杨老师也实实在在地体验到了教育的成就感。

她甚至感谢江腾飞，因为正是这个孩子的进步，让她认识了这么一个朴素的教育道理：每个成绩不好、习惯欠佳的孩子都是一朵待开放的花，他们内心深处都藏有一个美好的梦，教师要用心去帮他们开花，帮他们圆梦。

一个长期不及格的孩子，居然扔掉了“后进生”的帽子。杨老师的“绝招”其实很简单，就是一次“弄虚作假”，但这是充满人性之光的“弄虚作假”，因为她体现出来的是对童心的尊重，对上进心的呵护。从长远看，孩子学业的进步，当然不能完全靠老师的手下留情，但作为过程中的一个小小策略，这样的“弄虚作假”是有意义的，意义就在于它是点燃孩子自信心的“引信”。

对孩子来说，很多时候信心的失落比不及格的分数所造成的伤害更可怕。杨老师明白这一点，不惜用“虚假”的分数来重新点燃孩子心中快要熄灭的自信之火。分数是虚假的，但教育是真诚的，而且是成功的。

二

怎样让家长理解教育并参与教育，这是杨芳一直思考并探索的课题。新教育实验倡导每个班级都要有自己的课程，杨芳便尝试着请孩子的爸爸妈妈来到班上，或给孩子们讲自己童年的故事，或给孩子们讲与自己职业相关的知识，或者教给孩子们各种生活技能。这是杨芳开发的“家长参与课程”。

又到了班会课的时间。杨老师在黑板上写下主题词：“舌尖上的四川·抄手篇”。

全班孩子兴奋地齐读了黑板上的主题词后，杨芳问大家："你们知道咱们四川的抄手在其他地方叫什么名字吗?"

"饺子!""馒头!"三年级的孩子很天真，答案很好笑。

"馄饨!"总算有个孩子说对了。

"是的，在哈尔滨、北京、上海等地都叫'馄饨'，广东叫'云吞'，福建叫'扁肉'。"杨老师说。

"抄手也叫'扁肉'?"同学们哈哈大笑。

"这节课就让我们一起来了解抄手文化，再亲自动手包一包抄手……"杨老师的话还没说完，教室里已经沸腾了。

杨老师提高音量："下面，掌声有请抄手大师彭叔叔上台!"

"同学们，大家好!"小峰的爸爸大大方方走上讲台，"今天我来给大家讲一讲抄手文化。我们成都的抄手是四川著名小吃，面皮里面包上肉馅，煮熟后加清汤、红油和其他调料即可食用。准备抄手需要哪些原料大家知道吗?"彭叔叔很快开始了提问，和孩子们互动。

"姜!葱!""抄手皮!""肉末!"同学们七嘴八舌。

"是啊，肉是必不可少的，而且要选上好的猪大腿肉，盐也是必不可少的，除此之外，新鲜的鸡蛋也很重要，会直接影响口感!"彭叔叔边说边拿出了准备好的鸡蛋打进肉末里，加上调料搅拌起来。

"好香啊!"同学们惊呼。

"下面我讲一讲抄手的包法。大家左手拿面皮，右手拿筷子，先将肉馅放于面皮的中间，将面皮对折，记得要用筷子蘸点肉末粘在面皮的右上角，再拿着对折好的两角，以中指为支撑点重叠，压紧。"彭叔叔一边说一边示范，"你们看，包出来的抄手像什么?"

"像金元宝!""像小船!"同学们兴趣盎然。

彭叔叔把抄手的包法重新示范了一遍，又给同学们分好了小组，一声"开始"后大家立刻争先恐后地动起手来。最后，大家当堂就把包好的抄手煮来吃了!

不少同学在享受自己亲手包的抄手的美味的同时，不由得感叹："小峰有这样的爸爸，真幸福啊!"杨老师顺势引导孩子："每个人的父母都有过人之处，大家今天回去找找自己爸爸妈妈身上的绝招!"

小峰平日里书写很差，表现也不是很好，不是很自信，今天，却迎来了无数羡慕的目光，自信心大大增强。而小峰的爸爸平时算是个内向之人，每次老师找他交流孩子的情况时，他的话都不多，只是点头。而今天他忙活了一个小时，赢得了大家的尊敬，显然也增加了自信，临走前主动找到杨老师说："杨老师，我们家长做得不好的地方你要指点哦!"

杨老师感到，自己和家长之间的距离已悄然拉近。

而这样的"家长参与课程"在杨老师班上已经成为常态——一位做厨师的父亲曾来班上给孩子们讲冒菜的知识；一位在食堂工作的母亲曾被请到班上来，给孩子们讲自己每天辛苦的工作，让孩子们懂得"谁知盘中餐，粒粒皆辛苦"的道理；一位父亲曾到班上来给孩子们讲自己童年的故事，让孩子们在今昔对比中珍惜今天优裕的生活和学习条件……无论家长从事什么工作，也无论家长的文化程度是怎样的，他们都能够在杨老师的教室里成为让孩子们佩服的教育者。

三

暑假里，杨芳和部分家长带着孩子们去大自然中赏花。

"哇！荷花!"刚到河边，同学们就兴奋地叫道。

轩轩妈妈立刻纠正："这不是荷花，是睡莲!"

"是睡莲吗?"大家议论起来。

轩轩妈妈接着说："它们喜欢强光和通风良好的环境，晚上花朵会闭合，到早上又会张开，所以叫'睡莲'，也叫'水中女神'。"

此刻，家长又成了孩子们眼中的老师。

双双说："还可以叫它们'水中睡美人'!"这真是一个富有浪漫情怀的女生。

"你们看!'睡美人'的叶子好像'羊角'啊!"小健好像发现了新大陆。

"什么？羊角？怎么会像羊角?"杨老师不明白平时颇有见识的小健何出此言。

"就是，就是，真的像'羊角'!"丽丽也附和道。

“哪里像呢?”杨老师看了又看，实在是不解。

“杨老师你看！每片睡莲的叶子都有一个缺口，就像‘羊角’!”孩子们认真地给杨老师解释。

杨老师定睛一看，的确，每片睡莲的叶子都有一个缺口；可大人们居然都没有发现。孩子们真细心啊!

“不过为什么说像羊角呢?”杨老师问。

“是呀，你看，越小的叶子越像！就像喜羊羊的脚印!”孩子们说。

“哦!”杨老师恍然大悟，“你们说的是像羊的脚印啊！原来你们说的不是‘羊角’而是‘羊脚’啊！可是我们一般不说‘羊脚’而说‘羊蹄’!”

大家笑成一团。

过了桥，一大片荷花池浮现在眼前。

“同学们，你们观察观察，睡莲和荷花有什么不同?”杨老师启发大家思考。

“荷花的叶子和花伸出水面，而睡莲的叶子和花浮在水面上。”心怡思考了一会儿，回答道。

“‘伸’字和‘浮’字用得非常好!”杨老师大加赞赏，开始不动声色地上语文课了。

“也可以说荷花的叶子和花钻出水面，睡莲的叶子和花躺在水面上。”

“‘钻’和‘躺’很恰当!”杨老师继续鼓励。

“还可以说荷花的叶子和花挺出水面!”

杨老师真是惊叹于孩子们丰富的创造力，她继续发问：“睡莲和荷花还有什么不同?”

“睡莲的叶子像羊蹄，荷花的叶子像一把伞!”孩子们说。

提到荷花的叶子，同学们认真观察起来。突然，阳洋疑惑地问道：“杨老师，杨老师，为什么荷叶上的水珠不是很多粒，而是全都滚在一起?”

“就是，就是!”阳洋的问题问出了大家的心声。

“这个问题留着你们回家上网查资料吧!”

这时对外界事物相当好奇的阳洋又指着一朵盛开的荷花喊道：“这就是‘小荷才露尖尖角’!”小健反驳：“含苞未放的荷花才像尖尖角嘛!”“对！对!”大

家都同意小健的看法，嘴里还不由地重复“含苞未放”这个对他们来说很是新鲜的词汇。恰巧一只蜻蜓飞过，孩子们激动地喊起来：“早有蜻蜓立上头！”

“杨老师，我们就在这里上语文课吧！”小涛十分天真地说。

看着一张张稚气又兴奋的脸蛋，杨芳不由地感慨：大自然真是奇妙！面对草木花鸟，孩子们的眼前无疑产生了许多关于周围自然界、关于自然美的遐想，并油然而生出一种快乐。这样的活动有利于激发孩子们鲜明、动人的情感。周围世界像一部有趣的书，作为教师，应该有意识地带领孩子们去打开这本书。

四

新教育主张教师要善于反思，并在反思中成长。杨芳就是一位爱思考的老师。在她的博客中，有很多结合每一天平凡工作的思考。或是对成功的分析，或是对失败的追问。

在一篇《换药为汤》的博文中，杨老师把厉言比作“药”，把善语比作“汤”。她这样对比分析“药”和“汤”——

> 评讲试卷时，思远和思敏注意力很不集中，我扬言：“再不认真就要补考！”不过几十秒钟的时间，他俩又开始走神了。气煞我也。这是“药”的效果。
>
> 语文课上，思远和思敏又在搞小动作。怒火蹭蹭蹭地往我头上蹿，在即将爆发之际，我灵机一动：“这节课我们来比一比思远和思敏谁更乖？”几乎一整节课的时间，他俩都坐得端端正正……这是“汤”的效果。
>
> 测试前针对同学们粗心的情况，我出台了“高压”政策：必须认真读题，因为没有审题导致出错，要接受惩罚。测试结束，十几个人把“抄写句子”看成是“照样子，造句”。气得我喷血……这是“药”的效果。
>
> “这节课我们来评选‘细心大王’！”我的话音刚落，教室里就炸开了锅。“啊？细心大王！”“哈哈，怎么选呢？”我挑了几道很简单但是

容易看错要求的题进行专项训练，评选的结果让我很“为难”——我准备的奖品远远不够！全班57个孩子，竟然没有一个人出错！哈哈！这是“汤”的效果。

结论：把药换成汤吧！如果不是非要吃药的话。

在《怎样做一个快乐的教师》中，杨芳这样写道——

首先，清楚自己的职业特点，降低对待遇的期许，脚踏实地地干好工作，而非整日牢骚满腹，这是教师快乐的第一要则。

其次，杜绝“专制”的念头，公正、民主地对待每一个学生，赢得学生的尊重，这是教师快乐的基本要素。

“怎样做快乐的教师”第三条：对工作负责，但不做工作狂。

工作狂无意间大量挤占了学生的学习时间；工作狂只是机械、忙碌地备课、上课、批改作业，并没有真正地关心学生。花费了时间和心血，工作却没有突破，也得不到学生的喜爱，意义何在？快乐何在？

“怎样做快乐的教师”第四条：坚持阅读，坚持思考，坚持写作。

坚持阅读，会让教师对世界保持一种新鲜感，在无形中提升知识品位，强化人格魅力，从而影响学生。经常思考，并且随时记录，这是宝贵的精神财富。我们成不了作家，成不了名师，但我们平淡、充实又快乐。

“怎样做快乐的教师”第五条：千万要控制自己的情绪。

不要对学生生气：对他的无知生气，而不悉心教导，一切都无济于事；对他的叛逆生气，而不因材施教，只会火上浇油。不要对家长生气：因他袒护孩子而生气，而不真诚相待，只会南辕北辙。气生了不少，问题没有得到一点解决，那就是伤身又伤心了。

综上所述，平静、积极的心态加上对工作的热爱，才能给教师带来永恒的喜悦！

“抄三年教案可能依然只是一名教书匠，而坚持写一年反思则可以成为一名优秀的教师。”杨芳是这样说的，更是这样做的。

在期末的新教育实验活动日里，杨芳面对前来参观的老师讲述了自己的成长。她说：“有一朵花开的时间需要去等待，于等待中细听花开的声音；有一盏茶浓的间隙需要去品尝，在品尝里静观茶叶的沉浮。一年的时间不算长，但我却能清晰地看到润泽未来的新教育，在孩子们身上焕发出来的活力。而我的生命，也因为新教育，变得美丽。”

生命因新教育而美丽，心灵随新教育而飞翔，这也许就是杨芳的梦想。

我已经并将继续见证，杨芳让自己的梦想开出美丽的生命之花。

2013 年 1 月 29 日

包虹婧：和孩子一起编织新教育故事

像往常每一个普通的早晨一样，包虹婧又挤上了公交车。车内又挤又闷，这是最难熬的时候。如果是以前，她会玩手机、看信息，或者戴上耳机听音乐，可自从加入了新教育实验，每天这个时段便成了包虹婧规划、思考甚至憧憬的时候：今天的晨诵孩子们会有怎样的精彩？今天的读书活动又该由哪些孩子展示？今天又该找哪个孩子谈心了？昨天那个犯错误的孩子今天会有什么变化呢？昨天的那个教育案例有没有值得提炼反思的地方？

“新教育实验让我每一个早晨都有憧憬，因而每天都充满了激情。”包虹婧这样说。

我无意夸大新教育实验的作用，但新教育实验点燃了无数普通老师的梦想与激情，让他们重新看待自己每一天平凡的工作，让每一个平凡的日子变得精彩，且充满故事。这是发生在我身边一个又一个的事实。

比如我今天要写的包虹婧老师。她只是武侯实验中学附属小学一个普通的年轻教师，但因为新教育，她以新的姿态面对自己的每一堂课，以新的眼光审视自己的每一个孩子，并和孩子们一起编织一个又一个既有意义又有意思的故事……

一

“三国故事分享会”的班会活动正在举行。一个又一个孩子大大方方地走上了讲台，讲述《三国演义》中的故事。

唐浩凌也走上了讲台。尽管同学们礼节性的掌声响了起来，但大家都有些担心，连包老师在台下也为他捏了一把汗。因为这是一个患多动症的孩子，平时他的头和手总是会无法控制地抖动，成绩也不太好。

然而，今天的唐浩凌让所有人都刮目相看。他站在台上，努力克服着自己的缺陷，将“空城计”的故事流畅地讲了出来。教室里爆发出了热烈的掌声，这掌声表达的是大家的惊讶和敬佩。

“其实孩子的潜力是不可测的，关键是我们要找到合适的方法将孩子的潜力挖掘出来。‘穿越三国’，让我和孩子们有了很多惊喜的发现。”事后，包老师在博客里记录了这次活动。

所谓“穿越三国”，是包老师开发的一门新教育阅读课程。有老师也许会不解：四年级的孩子能读懂《三国演义》吗？的确，《三国演义》相对于四年级的孩子来说，也许是深奥了些，但关键看怎么读。包老师以孩子们能够接受和理解的方式带着他们走进《三国演义》，并以读《三国演义》为主线而开展了一系列的活动——了解三国知识，领略三国文化，走访三国遗迹，熟悉三国人物，学习三国成语，品读三国诗歌，表演三国剧情……阅读《三国演义》的形式也丰富多彩，有亲子共读、集体品读、专家导读、观看视频、观看电视剧重点片段等等。包老师还在班上举行过三次三国诗歌诵读比赛，一次三国歇后语比赛，一次三国知识竞赛，七次观看三国录像资料活动，还多次办三国小报比赛……

三国离今天毕竟太遥远，学生缺少生活体验。于是包老师以多种形式引导孩子们走近甚至走进三国。成都是三国时期蜀国的都城，四川是三国文化的发祥地之一。为了能更好地和孩子们交流，同时也为了弥补自身的文化缺陷，包老师约上几位同事亲临武侯祠，实地感受三国文化的气息，更深刻地理解诸葛亮等三国人物的精神。孩子们的老家大多都和三国有这样或那样的联系，包老师让他们根据自己的老家来分组，寻找蜀国的老地名，以小导游的身份来收集资料；还可以到老家去寻找三国遗址，可以听老一辈讲三国故事，可以去了解这个地方与三国有关的事物……然后，以小组为单位派代表在班内进行汇报。包老师还联系了武侯祠宣传部的工作人员，择期到学校来给孩子们开讲座，讲故事。通过这些活动，孩子们感到三国人物和故事原来并不遥远。

“走进三国城”主题班会活动也特别受孩子们喜欢。为了搞好这次活动，孩子们都兴高采烈地进行准备和排练，一句台词、一个动作都一丝不苟。包老师让家长们也参与进来。家长们积极性很高，忙得不亦乐乎，在网上买来了面具和道具，甚至有家长还到街上去联系租服装的事。在正式表演的那一天，孩子们有表演舞台剧的，有讲故事的，有主持的，有准备道具的……每个孩子都有自己的事情——这正是包老师的目的。她认为，读《三国演义》不是某些“尖子生”的事情，而应该是全体孩子的共同事情。让每一个孩子——无论他成绩如何，都能在“穿越三国”活动中找到自己的位置。

读《三国演义》不但得到了家长的积极支持，而且他们还参与到系列活动中来，和孩子们一起“穿越三国”。周欣梅的妈妈说，为了让孩子能更多地了解三国知识，她为孩子买来了电脑，目的就是希望孩子能从网上得到更多的资料。杨一的爸爸说，为了激发孩子阅读三国的兴趣，每到周末，只要有时间，他们都会带孩子到购书中心去阅读有关三国的书。谢世伟的爸爸说，孩子平时在家不爱读书，比较贪玩，为了让孩子了解三国，他们周末都会陪孩子一起看三国电视剧，并给孩子做一些讲解。

包老师在博客里写道：“一年多过去了，我和孩子们的精神已经不知不觉与书中人物紧密相连。我们穿越了三国，三国也穿越了我们。”

二

上午的第三节课，包老师正在和孩子们一起简单而郑重地举行“班级日记”开启仪式。她为孩子们介绍了“班级日记”的形式、内容、评语以及流动规则等等。她说：“今天对于我们四（4）班来说，是个大日子，所以，我们要推选出一名同学来完成我们‘班级日记’的开篇之作。同学们，选谁呢？”

下面有好多孩子把手举得高高的：“我！”“我！”“我！”……

面对孩子们七嘴八舌的请求和他们高高举起的如林的小手，包老师犯难了：选谁呢？

这时，有孩子在下面小声说：“包老师，今天是晓凡的生日！”

晓凡是个聪明的孩子，但比较贪玩，平时做事不认真，缺乏责任感。开学时他主动请缨担任清洁委员。可是，两个星期下来，由于清洁委员工作不到位，既没有及时组织清洁小组进行扫除，又不能以身作则起好带头作用，所以他们班时常在学校的卫生评比上丢分。这引起了大家的不满，结果晓凡被撤职。从那以后，包老师明显感到晓凡成天灰溜溜的，脸上写满了自卑。她正在想用什么方式唤起他的信心。

于是，包老师把目光投向了晓凡。希望用这信任的目光鼓励他再一次主动请缨。全班孩子的目光也都投向了晓凡。

晓凡不好意思地笑了笑，然后举手站起来："包老师，今天是我的生日，我想写今天的'班级日记'，因为今天对我很有意义。"

"好，第一篇日记就让你来写！今天是你的生日，包老师没准备什么礼物送给你，就把今天写'班级日记'开篇之作的机会送给你吧，老师相信，这比任何礼物都有意义！"包老师话音刚落，全班孩子纷纷鼓掌对他表示祝贺。

晓凡非常激动。他中午特意打电话叫妈妈送个大蛋糕来，他想和大家一起庆祝生日，也想为'班级日记'的启动庆祝。

下午，晓凡的妈妈果真为班上送来一个很大的生日蛋糕。包老师非常感动，她不敢相信自己的眼睛：眼前这个孩子，两周前还因为贪玩、工作不负责而被大家撤销了清洁委员的职务，然而今天竟能如此真诚地邀请大家一起分享他的生日蛋糕；大家今天也还如此诚挚地为他唱起《生日快乐歌》。

第二天，晓凡恭恭敬敬地捧着日记本站在讲台上，大声为大家读起了他的杰作。接着，这本日记便在全班传阅起来。很多同学还在第二页留下了自己的评论——

佳佳在日记上写道："晓凡，希望你长大了一岁，能更加懂事，更加能干！"陈浩这样写："晓凡，你的日记写得真棒！我要向你学习！"……字里行间充满了对晓凡的鼓励。

接下来的日子，晓凡做任何事都更认真了，还经常跑到办公室问老师有没有事情能交给他做。在班会上，同学们也纷纷表示晓凡最近成了班上的"热心肠"。后来，晓凡的妈妈还打电话告诉包老师，说孩子最近更加开朗了，每天早上都催妈妈早点送他到学校。晓凡的这些变化使包老师惊喜，也使她欣慰。这小小的日记本给了晓凡莫大的鼓励，让他有了现在的转变。包老师庆幸当时没有放弃晓凡，用信任、鼓励和爱给了他这次机会。晓凡也确实没有让老师和同学们失望，他把握住了这次机会。

我是在读包老师博客时读到这个故事的。我特别感动，也很敬佩。感动于包老师的爱心，敬佩她的教育智慧。

一次首写班级开篇日记的机会，便重新唤醒了一个被撤职的孩子的自信。特别值得赞赏的是，这个机会并不是包老师个人给孩子的，而是集体给他的。包老师巧妙地将自己的想法转化成了集体舆论，“全班孩子的目光也都投向了晓凡”，晓凡感到的就不仅仅是老师的信任，还有集体的信任。而且，包老师同时还通过信任的目光启发、鼓励晓凡自己争取这个机会：“我把目光投向了晓凡。希望用这信任的目光鼓励他再一次主动请缨。”这样，晓凡除了感到集体和老师对自己的信任，更有自己对自己的信任。晓凡写下的不是班级的第一篇日记，而是自己新的进步。从某种意义上说，信任，是教育的起点，也是教育成功的曙光。教育有时候就这么奇妙。

三

马月，一个长着水汪汪大眼睛的小姑娘，她长长的头发每天都由妈妈扎出各种好看的辫子。刚上小学一年级时，马月性格开朗，活泼可爱，总是喜欢仰着头告诉包老师她那些好玩的事儿。

然而，二年级一开学包老师就发现马月原来最为骄傲的长头发整天都是乱糟糟的，看得出是几天都没有梳理过了。马月脸上的笑容也少了，作业也经常不完成。一次，包老师为马月梳头，马月哭着说：“爸爸妈妈不要我了！妈妈走了……爸爸也要走了……”原来马月的爸爸妈妈离婚了。马月本来是跟着爸爸生活，但爸爸没念过书，又忙于四处打工，根本没有时间管孩子。孩子越来越自卑，学习成绩也急剧下滑。

眼看着一朵美丽的花，就此渐渐凋落下去，包老师格外心疼。尽管她不停地鼓励马月，在学习上给她以帮助，但马月并没有多大改变。

转机出现在包老师接触新教育之后。通过学习新教育理念和参观新教育实验学校，包老师明白了在学校里不仅仅有教材的存在，孩子的尊严以及“幸福完整的生活”并不仅仅源于分数。书香校园、晨诵、午读、暮省……都可以给孩子的心灵注入幸福的阳光。包老师想到马月，为自己过去思维的狭隘而感到后悔——为什么只能在分数上去“提升”孩子呢？对这样的孩子来说，当务之急，是要拓宽她的视野，充实她的心灵，让她感到快乐。想到这些，包老师一下子觉得整个人都活跃了起来，觉得有很多很多事可以做。

包老师问自己：“我能为孩子们做些什么?”她又自己回答自己：“读书！对！就是读书！我要和孩子们‘共读共写共同生活’！”于是，她开始为孩子们精心挑选经典的儿童读物：《装在口袋里的爸爸》《大林和小林》《麻雀不唱》《土土的故事》《鼹鼠的月亮河》《蟋蟀也吃兴奋剂》《蓝鲸的眼睛》《小巴掌童话》《管家琪幽默童话》……她和孩子们一起阅读。

马月的改变也是从这里开始的。当第一批图书整齐地摆放到班级书架上后，大家纷纷抢着借阅。在一天的放学路上，包老师看见马月怀里揣着一本书——《电话里的童话》。包老师问她：“你喜欢这本书吗?”她点点头，出人意料地回答：“我以前看过的。”包老师很吃惊：“哦? 在哪儿看的?”她自豪地说：“以前在我姐姐那儿看的!”包老师说：“你真能干，包老师还没看过这本书呢!”

在包老师的鼓励下，马月迷上了阅读，一本接着一本地读。为了促进孩子们的阅读，包老师每周开展两次读书交流会。刚开始孩子们都怕讲不好，不好意思上台，只有几个尖子生经常上台交流读书心得。几周后，其他孩子们也开始跃跃欲试，争着上台交流。马月也很想参加进来，但她很自卑，不好意思上台交流。为了能让马月重新拾起自信，包老师决心拉她一把。

在一次的读书交流会后，包老师有意问马月：“你觉得今天交流的同学讲得怎么样?”马月说：“这本书我也读过。”包老师顺势说：“原来你也读过呀！那你说说你最喜欢哪个部分?”接着马月就向包老师讲起了她最喜欢的内容。听完后，包老师激动地说：“真可惜啊！今天你没上台交流，要是你把这些告诉大家，大家不知道有多羡慕你呢!”

没过几天，马月拿着一本书来到办公室找包老师，鼓起勇气说：“包老师，我最近看了这本书，想参加这周五的读书交流会，我……我可以报名吗?”看着她手上的书《海底两万里》，包老师高兴极了：“好啊！你一定会讲得很好的!”

后来，马月参加读书交流获得了成功，赢得了掌声。包老师深深感叹新教育对孩子的改变——因为阅读，让孩子们的精神面貌发生了变化。在传统教育观念下，这样的孩子是“永无出头之日”的，成绩不好，就处处不是。现在，在新教育的天空下，他们又重新找到了自信，找到了快乐。

马月妈妈给包老师发信息：“真的好谢谢您！有时候她给我打电话，说老师爱她了，同学也爱和她玩了，还说老师经常表扬她了。我听出来她很高兴。谢谢您给了她有时我这个母亲都给不了她的关心和关爱，谢谢！”

四

被新教育改变的孩子，当然远不只是一个马月。

王玉霞，一个典型的“差生”，也曾经让包老师头疼不已。在班上因为成绩不好，自理能力也很差，她总是在其他同学面前抬不起头。为了帮她提高成绩，包老师经常把她叫到办公室来进行辅导。可她呢，任凭老师如何苦口婆心地教诲，如何煞费苦心地辅导，她都无动于衷。由于学习基础太差，每天都要面对完全听不懂的课文，遭到同学们的嘲笑和白眼……王玉霞已经彻底失去了自信，甚至被同学欺负了，她都没有给老师说的勇气，更不要说举手发言了。

正当包老师深感“山重水复疑无路”的时候，新教育实验让她发现了“柳暗花明又一村”。在推进“儿童阶梯阅读”过程中，她精心挑选了上百本中外优秀的儿童文学作品，指导孩子们以读写绘的方式真正走进作品。在共读《舒克贝塔航空公司》时，她还带着孩子们一起画连环画。

第二天，孩子们纷纷把作业交给了老师。很多孩子画得都不错，包老师从中挑选了三张最好的，准备在课堂上给大家展示一下。在挑选时，她根本没有注意作者是谁，而一心只想着挑选最出色的。

当这三张作品一亮相，教室里“哇”声一片，大家对这三幅作品赞叹不已，于是纷纷追问作者究竟是谁。直到这时，包老师才开始查看作者姓名。这一看，让她大吃一惊——其中最好的一张作品，作者竟然是王玉霞！

当包老师说出她的名字时，同学们都报以热烈的掌声。王玉霞也并不像原来那样总是羞愧地低头了，脸上挂着开心的笑容。可以想象，她是多么喜欢昨天的作业啊！

从那以后，包老师发现，每一次的读写绘作业，王玉霞都能出色地完成。她的一幅幅作品和她原来的作业简直判若云泥。包老师感到很惊喜，也很想知道她是怎么完成这些作业的，便问王玉霞的好朋友龙桃。从龙桃那里，包老师才知道，王玉霞每天放学和龙桃一同回家，先完成作业，然后两人一起共读书籍，读完后一起商量如何设计版面，最后画出来。

“王玉霞也是一个人才啊！天啊！我差点埋没了她！”包老师想。

接下来的日子，王玉霞的作品一次又一次脱颖而出，她受到老师表扬的机会也越来越多。同学们看待她的眼光也改变了，有越来越多的同学愿意和她玩耍，她脸上的笑容也越来越多了。看着她有这样大的变化，包老师异常兴奋。她为这个孩子能重新获得童年的快乐而高兴，也为“新教育儿童阶梯阅读”课程能改变她而欣慰。

看着王玉霞一天天快乐地学习，包老师不断地给她以鼓励，希望将她在读写绘方面的成就感转化为她学习的内因。包老师为她设计了专门的作业——每学习一个新的单元，先通过自己的预习，办一张预习小报，当学完这个单元后再办一张复习小报。她欣然接受了这个作业，每一次都认认真真地完成。有几次，在课间，包老师看见其他孩子都在玩耍，而王玉霞却坐在位子上看什么，走近一看，原来她为了将预习小报办好，专门让妈妈买来参考书，一边看书，一边在课文里勾画，那股认真劲儿，真让人感动。大概办到五单元时，王玉霞的字比原来写得进步了很多，工整干净，美观大方。这真是了不起的进步！

王玉霞变了，她更加自信了——以前说话连头都不敢抬的她，主动参加值周班长的竞选；曾经连举手都不敢的她，主动要来参加人才选拔大赛；她还要求参加区上组织的一次绘画比赛，当天她在心情日记上这样写道：“包老师鼓励我，说我应该走出学校见见世面。这次比赛，班上只有两个名额，我一定要珍惜这次机会！”

期中考试，王玉霞破天荒考到了80多分。得知这个成绩时，她轻松地笑了，如释重负。大概是曾经的学习生活给了她太大的压力，不及格的分数经常在她的噩梦中出现，如今，她找到了自己的兴趣，发现了自己的特长，能够轻松地面对学习，所以，她才能笑得那样轻松，那样美丽。

教育其实没那么深奥。一个日子，一个孩子，就是教育。善待每一个日子，呵护每一个孩子，就是教育的全部。我甚至还可以更加朴素地说：教育，就是守着孩子过日子。

守，就是守望，在守望中体现出教育者的爱心、责任与智慧。这里的守望，也意味着一种“编织”——一个优秀的教师，就是善于和孩子一起编织故事——把纯洁、理想、善良、美好、情趣……点点滴滴地编织进去。

包虹婧老师，就是这样幸福的守望者和智慧的编织者。

2013年2月1日

钟丽：因新教育而更加美丽

2010年7月12日，对钟丽来说是一个具有转折意义的日子。

在那之前，她敬业，有爱心，但缺乏明确的教育追求，特别是对自己的教育人生和孩子的未来，没有太多的想法，只是凭着善良和责任，忙碌而盲目地被工作向前推着。而那天，她参加了新教育在河北石家庄举行的年会，她被新教育所震撼了：原来教育还可以这样有滋有味，有声有色！

“我第一次接触新教育实验，第一次了解‘晨诵、午读、暮省’的儿童生活方式，第一次知道教师还可以过一种‘幸福完整的教育生活’时，我就有一种冲动，急切地想投身于新教育实验当中……”回到学校，钟丽在座谈会上这样真诚地说。

当然，她不仅仅是这样说，而且真的开始了行动。

一

钟丽以“缔造完美教室”切入新教育实验。

“缔造完美教室”是新教育实验的一个重点项目。所谓缔造完美教室，是指通过教室文化的营造，读书活动的开展，良好德性的养成，卓越课程的建设，生命故事的叙述，实现师生的共同成长。

“完美教室”之“教室”，显然已经不同于我们一般所说的物理意义上的教室了。“教室”，在这里是一种借代，代指班级，或者说是一种象征，象征着一群人共同生活的一段历程。缔造完美教室，强调的是一种班级文化的建设，一种集体精神的滋养。这样的环境里，每一面墙壁，每一张课桌，每一把椅子，每一个物件，都打上了浓浓的主观性——表达着高远的追求，洋溢着高雅的气质，蕴含着高尚的灵魂，彰显着鲜活的生命。

对孩子来说，完美教室有快乐，有收获，有故事，有成长……

因此，所谓完美教室，就是师生共同度过的一段快乐生活，一起走过的有诗意的日子。完美教室的核心理念是幸福。完美，是一种朝向；幸福，才是目的。

如果说，新教育实验唤醒了钟丽的教育理想，那么，缔造完美教室则点燃了她行动的激情。钟老师和孩子们商量怎样让他们班成为完美教室。经过广泛的讨论，大家一致同意把班级命名为“小太阳班”。班级宣言是：“我们的微笑像太阳!”班级精神为：“不管风雨有多狂，就算有困难阻挡，我们也要努力散发光芒!”他们还确定了班歌《我们自己是太阳》和班级主题诗——艾青的《太阳的话》。而班训则是：“自信，快乐，进步，成长。”

然后，她带着孩子们用这些文化元素来装扮美丽的教室，孩子们的爸爸妈妈听说后也赶到学校，和孩子们一起忙碌着。说起那次布置教室，钟老师特别感动，为孩子们的爸爸妈妈感动：“我和家长们忙到晚上七点多钟才离开。其中，最让我感动的是晓琪母女，孩子当天晚上有七点钟的舞蹈课，六点半母女俩才离开，家长和孩子连吃晚饭的时间也没有了，只能饿着肚子去上课。”

然后，在这间美丽的教室里，钟老师和孩子们开始了幸福的教育生活。

缔造完美教室的一个重要内容，就是开发班级课程。钟老师根据班级具体情况开发了不少课程，仅阅读课程就有晨诵课程、读写绘课程、亲子共读课程。她还收集历朝历代在成都这座历史悠久的城市留下足迹的诗人的诗歌，为孩子们开发了一门全新的诗歌课程，让孩子们喜欢诗歌，了解诗人。

读了苏霍姆林斯基的《给教师的建议》后，钟老师又萌发了几个新的想法：开发“奇妙的大自然”这个课程，根据孩子们的年龄特征，收集他们感兴趣的动物或植物的资料进行整理加工，编撰成册。利用孩子们强烈的好奇心，从而激发孩子们的探究热情以及热爱大自然的情感。她还打算开发一门模拟旅行课程，带着孩子们到全国各地去旅行，了解当地的风土人情，在生活中、在社会中学会解决问题，也学会一些简单的生活技能。还有“用脚丈量世界”自然之旅课程——用一个大大的地球仪，打开孩子们看世界的窗口……

没有活动就没有集体。钟老师把活动也纳入新教育课程，在班内为孩子们开展了丰富多彩的活动。比如，3 月 8 日的“感恩母亲”活动、3 月 12 日的植树节活动、六一儿童节畅游梦幻岛活动，还有中秋节课程、国庆节课程、元旦节课程等。每一个节日，都被钟老师开发成课程，丰富孩子们当下的生活，寓教于乐。

在所有课程中，每天相随的课程是晨诵。每天的晨诵，钟老师和孩子们用一首首优美的童诗唤醒黎明，迎接朝霞，开启新的一天：金子美玲的《全都喜欢上》《全世界都在对我微笑》《牵牛花》《踏步》《我和小鸟和铃铛》，雪野的《爱读书的树叶》，谢武彰的《春天》，张国男的《春天是这样来的》，米尔恩的《水仙花》，狄金森的《没有一艘船能像一本书》，金波的《走进书的世界》……

晨诵，让孩子们的每一个早晨都充满了感动，也让钟老师的教育充满了诗意。

二

新教育的课程不只是晨诵，还有儿童阶梯阅读，对钟老师所教的低年级孩子来说，更多的是读绘本故事。《大卫惹麻烦》《跳舞》《旅行》《丽莎，离水远一点》《亲爱的小鱼》《朱家的故事》《我爸爸》《小机灵鬼皮科的故事》《月亮的味道》《好饿好饿的毛毛虫》……孩子们兴趣盎然地感受着一个又一个精彩的故事，他们的想象力和创造力也得以自由地驰骋。

在听完《小机灵鬼皮科的故事》后，孩子们展开想象的翅膀，为皮科想出了一个又一个精妙的好主意：皮科还会遇到老虎和狮子，采用挑拨离间的方法让双方自相残杀；还会遇到豹子，皮科就会绕着大树不停地跑，把豹子绕晕，皮科就脱离了险境……此刻，每个孩子都是幻想家，都是诗人。

阅读，也让一些曾经让老师头疼的孩子发生了惊人的变化。张航和程冰，这两个孩子都属于学困生，上课注意力不集中，刚开始接触绘本的时候也是心不在焉。但是，钟老师发现他俩有几次读完绘本故事以后的写绘作业不错，她便抓住机会当着全班同学的面对他们进行表扬。慢慢地，两个孩子受到了鼓励，找到了自信，学习也越来越有兴趣了。期末考试，两个孩子的语文成绩均达到了优。

钟丽还在班里开展了“学生大讲堂”活动。每个星期五的班会课就由孩子们负责准备，给大家讲一个自己在课外书或者网络上看到的感兴趣的话题，让学生在活动中增长见识，培养学生各方面的能力，激发学生阅读的兴趣。

该选谁来做“第一个吃螃蟹的人”呢？钟老师决定让于睿来开这个头。于睿脑瓜特别灵活，反应很快，但这个孩子从进校那天开始，就表现出对任何事情都漠不关心的态度：上课不感兴趣，对老师的表扬也无动于衷……上课总是没精打采，作业书写潦草、拖沓，和同学之间也没什么感兴趣的话题，和同学的关系也不好。

但是，自从开始了新教育阅读，于睿喜欢上了阅读。有时课间休息时，也可以看见他捧着自己喜欢的书籍认真阅读。在一节口语交际课上，钟老师让孩子们用一个或几个关键词向大家介绍自己，他站起来，大声地说：“我的优点是喜欢阅读，因为我一有空就会找课外书读；我的缺点也是阅读，因为我连吃饭时也在看书。”同学们被他的发言逗乐了。

就是这样一个孩子，钟老师想利用他带动更多的同学爱上阅读，同时也希望通过同学们对他的肯定，让他的学习态度能有所改变。在她的鼓励下，于睿走上了讲台。

“今天我给大家讲的是老虎与狮子打架谁更厉害的故事。”于睿大大方方地开始了讲述，同学们一个个坐得端端正正，睁大了眼睛，竖起了耳朵。

“大家知道，老虎和狮子的体型比较相似，都是非常非常凶猛的动物，它们吃的也非常接近。可是，如果它们打架的话，谁会赢呢？”于睿问大家。

“狮子！”“老虎！”下面七嘴八舌，两种观点针锋相对，相持不下。于是，大家自然又聚精会神地看着于睿。

于睿根据自己的课外阅读，以丰富的知识，将老虎和狮子做了比较，最后得出结论：“在单打独斗的情况下，老虎显然要比狮子更强一些。但是从群体作战的角度看，狮子要比老虎强大。”

第一次“学生大讲堂”引起了强烈反响。孩子们争先恐后地推荐自己举办下一次的讲座，看着大家的积极劲儿，钟老师特别开心。

在缔造完美教室的过程中，亲子阅读也在轰轰烈烈地开展着，孩子们的爸爸妈妈也加入到新教育阅读中来。钟老师设计了“亲子共读图书卡”，由家长负责填写共读的书名、页码以及所用时间。钟老师定期收回进行查看，对共读情况好的家庭予以表扬，提醒进度较慢的家庭要抓紧时间，争取赶上全班的读书进度。

亲子共读进行到一定阶段，钟老师给孩子及其爸爸妈妈布置了一个有趣的作业——让孩子画一个读书后给自己留下深刻印象的画面，家长则写出自己的读书感受。这种方式让孩子和爸爸妈妈互相比赛，彼此影响。事实证明，亲子共读不仅对孩子的影响很大，同时也在改变着家长。

三

新教育人的眼光始终对着人的心灵，并追求自然而然的教育艺术。在这方面，钟老师也有不少成功的案例。

“钟老师！钟老师！魏新把撮箕的螺丝帽拧上了，撮箕修好了！”

吃中午饭时，钟老师走进教室，刚拿起碗准备为孩子们打饭，一个胖乎乎的小男孩气喘吁吁地跑过来，上气不接下气地对钟老师说。

钟老师一愣：“上午课间时，我拿着那撮箕试过好几次，可怎么也拧不上螺帽，这个小孩子是怎样拧上去的?”心里虽然犯着嘀咕，但钟老师依然表扬了魏新：“真不错！你知道关心班集体了，知道为班集体做事了，老师真为你感到高兴!”然后，她又对全班同学说：“孩子们，魏新主动把班里的撮箕修好了，我们应该向他学习!”同学们鼓起掌来，掌声越来越大。

该分饭了。班委干部小萍说：“钟老师，让魏新先打饭吧!”“好哇！好哇!”孩子们都纷纷同意，有几个活跃的孩子，甚至走到他的座位旁，动手拉他去第一个打饭。可能魏新有点不好意思，他的双手紧紧地抓着桌沿不愿离开。

钟老师走到他身边，摸着他的头，亲切地说：“去吧，同学们想用这种方式感谢你呢，难道你不领情吗?”听老师这样说，他才慢吞吞地站起来去打饭。

过了一会儿，钟老师坐在讲台上吃着饭，看着下面可爱的孩子们，想着魏新修理撮箕的事，觉得还可以最大限度地挖掘并发挥这件小事的教育效益，让每一个偶然出现的好事，都成为必然的教育资源。比如这件事，就还可以继续引导孩子们热爱自己的班级，心甘情愿地为班集体做事。

但是，这种引导一定要自然而然，尽量减少“教育”的痕迹。钟丽这样提醒自己。

吃完午饭，同学们都在教室里休息。钟老师走进教室，她先让孩子们安静下来，然后把魏新请到讲台上，当着全班同学的面问他："孩子，你怎么就想到要做这件事呢?"

他脸红了，嗫嚅着说："我，我，我是看见您第三节课课间蹲在地下，为，为我们修着撮箕，第四节课上课铃响了，我听到您说：'黄涛，这个螺帽太小了，根本拧不进螺丝，把这个螺丝和螺帽放到水龙头上面的窗台上，中午我再来想办法'。"说完，他吞了吞口水，没刚才那么紧张了，接着说："我就想，我试试看，能不能把它修好，要不，中午做清洁卫生的同学就不好用了，我们的卫生就要被扣分。"

多朴素而又善良的想法！同学们专心地听着魏新的讲述，都被感动了。这正是钟老师的用意。

"你是怎么拧进去的?"钟老师追问道。她想继续让魏新的话去感动其他同学。

魏新笑了："我来到阳台上，把螺帽放平，对准放到螺丝口，前几次都不行，试了好多次才拧进去。"虽然他轻描淡写地告诉大家整个过程，可坐在下面的孩子仍用崇拜的眼神看着他。"前几次都不行，试了好多次才拧进去"几句话让他们特别感动，因为这是一种不怕失败和决不放弃的精神，他们向他报以微笑和掌声。

钟老师当然也被感动了。她对孩子们说："魏新同学的确值得大家学习，而这样的同学在我们班还有很多很多。不知道你们发现了没有?"

话音刚落，孩子们叽叽喳喳地议论开来——

平时最没有宽容心的小成说："每天早晨，潘乐和卢琳都会主动整理书柜。"

"那天下课后，我还看到辛月把同学们没放进去的凳子挨个放进去。"一轮到他那小组做清洁时，就会偷懒的小龙说道。

"还有，还有，蕊蕊只要看到我们的文化墙有破损，就会到钟老师办公室拿胶水补好。"嗓门最大的孩子小宇连忙抢过话头。

……

教室里顷刻间变得热闹起来，孩子们纷纷讲着自己看到的同学平时为班集体做的好事。钟老师知道，她已在孩子们的心里描绘出了一幅"人人都为班级做好事"的美好画卷。

她乘胜追击：“其实，为班级做好事很简单，弯腰捡起一团纸屑，为干枯的花儿浇上一杯水，轻轻关上电灯，系好窗帘……”孩子们纷纷懂事地点着小脑袋，眼睛里闪烁着纯真的光芒。

因为钟老师的巧妙引导，一个孩子的善举，成了一次教育契机。一粒善良的种子，就这样不知不觉地播进了全班孩子的心中。

四

“教育，这首先是人学。”苏霍姆林斯基这句话道出了教育的真谛。所谓“人学”，就是要致力于维护并发扬人性的美好与芬芳。我们的校训是“让人们因我的存在而感到幸福”，只有给他人带去幸福，自己才能够获得真正的幸福。对孩子来说，校训中的“人们”首先就包括爸爸妈妈。

三八妇女节就快到了，这是教育孩子们感恩母亲的好机会。钟老师开始了她的教育构思：“我要怎样才能抓住这一教育契机，教育我的孩子们学会感恩，让他们的妈妈有一个难忘的妇女节呢？”

这天，她和孩子们一起晨诵《妈妈，我只能是一个小孩子吗》——

我要是一只小鸟，
就从海面上飞到雪山，
捧一朵浪花送给你，
捧一片雪花送给你。

我要是一棵小树，
就呼呼呼地长到天上，
摘一缕彩霞送给你，
摘一颗星星送给你。

我要是一朵金盏菊，
就一年四季开在你的书桌，
留一束阳光送给你，

留一个春天送给你。

可是，我只能是一个小孩子呀，
我只能每天对你说：
妈妈，我爱你！

看着孩子们感动的神情，突然，她心里一亮，有主意了！

等孩子们朗诵完毕，钟老师说：“明天就是三八妇女节，是全世界妇女的节日，也是每一位妈妈的节日。我提议，同学们把今天这首诗读熟并背诵下来，作为礼物送给妈妈。不过，这是一个小秘密，事先我们不能让妈妈知道，等到明天节日到来时，你带着自己对妈妈的爱把这首诗诵读给妈妈听，好吗？”

“好！”孩子们用清脆的童音回答钟老师。

这次活动反响强烈。妇女节后的第二天，钟丽的手机不断接到许多孩子的妈妈发来的一条条短信，每条短信都表达出了幸福和感动。

蕊蕊妈妈这样写道：“今年的三八妇女节，是孩子让我最感动的一天。谢谢您钟老师，是您让孩子们为我们准备了这么好的礼物。这是我听到的孩子最棒的一次朗诵，不是因为她读得很顺畅，相反，她还有小小的结巴；也不是因为孩子的声音有多响亮，而是孩子带着她那颗爱心在朗诵，让我感受到了孩子对我的那份深深的爱。还有，孩子的感情用在了她稚嫩的声音上朗诵出来的诗，显得格外动听。我这真不是在吹捧自己的孩子，我是真的、真的被感动了，这份感动已经远远超越了孩子在学习上有了进步时我的那种兴奋。我发现孩子长大了。谢谢您钟老师，孩子给我的惊喜让我觉得自己还有很多很多喜悦都无法言表了。”

当天下午，这位母亲到学校接孩子，一把拉住了钟老师的手，开始向她诉说头一天晚上孩子诵读诗歌的全过程，说着说着，她的眼睛里噙满了泪水，声音哽咽了，再也说不下去了。母亲还掏出手机，让钟老师观看了她录的视频。视频里，孩子恭恭敬敬地把妈妈拉到沙发上坐好，送上了一份特别的礼物——为亲爱的妈妈朗诵小诗。孩子妈妈激动得泪流满面……

茜茜妈妈这样写道：“钟老师，感谢您！是您让我的孩子第一次在这个特殊的日子送给我太多的惊喜，是您让我感受到了孩子的成长。今天对我来说，意义非同寻常，因为我收到了一份意外而特别的礼物。昨天下午放学回家，女儿自觉地把作业做完，交给我检查后，叫我坐在凳子上，然后为我朗诵《妈妈，我只能是一个小孩子吗》。那一句句真情告白，让我好感动。当她读完时，我们激动得紧紧拥抱在一起，久久没有放手。”

……

这样的短信还有很多很多，每一条短信都让钟老师感动，同时也有点得意——得意于自己教育构想一步一步变成现实，并收到效果。

而所谓效果，还绝不仅仅是让妈妈们感动了，更在于通过让孩子给妈妈送上这样的特殊礼物，学会感受并理解妈妈的爱。比如，上面提到的蕊蕊和茜茜，这两个孩子都是独生女，平时都被爷爷奶奶娇惯着，被爸爸妈妈呵护着，从来不会为别人考虑。她俩的家长也多次对钟老师说“孩子往往只顾着自己的感受，相当自私”。而这次活动后，两个女孩明显懂事多了，在家里知道体谅爸爸妈妈了，比过去更加孝顺了。这些变化让她们的爸爸妈妈惊喜，也让钟老师欣慰——这就是诗歌的影响，这就是晨诵的魅力。

在一次学校教工大会上，钟丽老师以《点燃梦想，激情上路》为题介绍自己的新教育之旅。最后她说：“我将继续追寻我的新教育梦想，并在新教育的大道上奋力向前！”

我多次说过，新教育最大的意义就是唤醒普通老师的职业理想，点燃他们的教育激情。钟丽的故事再次证明了这一点。新教育让钟丽的教育散发着人性的芬芳，她也因新教育而更加美丽。

2013 年 2 月 1 日

蒋长玲：对新教育爱得深沉

一

离别的日子到了，成都市武侯实验中学的蒋长玲老师心中很不是滋味。

她坐在讲台上，逐一地看着教室里的几十个孩子，想着他们留在自己记忆中的点点滴滴。看着教室里简单的布置，回想着和他们相处的时光，她恨不得把这些都装进眼睛里，刻在心里。想着就要和他们离别，蒋老师不时地抬起头看着天花板，好让眼泪不至于溢出眼眶。

最后一节班会课，蒋老师觉得还是应该给孩子们一些真诚而庄严的叮咛，引导他们树立正确的人生观、价值观。

“同学们，最后一次集体谈话，蒋老师想给大家谈谈‘美’和‘强’的话题。”蒋老师本来想用“美”和“帅”这两个字，但怕大家片面地去关注外貌，所以决定用“美”和“强”的表述。

孩子们一下安静下来，眼睛都看着蒋老师。

“‘美’主要是对女生说的。”蒋老师娓娓道来，“曾有人说女性分为三种：女孩、女人、女的。嗯，这三者的区别是什么呢？衣饰华丽、烫染头发、画眉涂唇、修涂指甲，这些都是美。但这些都是成年女性的美，是成熟的美，不是你们应该追求的美。你们身上的美，就是年轻、活泼、青春、可爱、纯朴、善良、有梦想、勤奋……这些东西，都是最美好的东西呀。拥有这些，你们就是最美的女孩。拥有前者的是女人，拥有后者的是女孩，这两种美都失去了的，就只能算是个女的了。女孩还要注意一点，多读书，‘腹有诗书气自华’。所以，应该多看文学类书，诗词呀，名著呀。”

同学们听得非常认真，蒋老师感到了从没有过的课堂气氛：专注、严肃、宁静。她继续说道：“‘强’主要是对男生说的。男孩子不要过多去关注自己的发型、衣着，你注意观察一下，哪个成功男士的发型是某些同学那样的呀，能做到干净、整洁、清爽就好了。也不要觉得自己把电脑游戏玩得出神入化，就是了不起，那些都是浪费时间、让人玩物丧志的东西。电脑和网络应该是工具，是应该为我们的生活、工作服务的。更不要认为自己会骂人、能打架、敢和家长老师对着干，就是能干的人。这些都是不懂事的表现，弄不好还会犯法。男孩子就应该有理想并每天为实现理想努力，做一个睿智、进取的人。男孩子还应该博学，抓紧年轻时光多看书，天文、地理、生物、政治，多方面涉猎。”

这最后一课，深深地震撼了孩子们的心灵。课后，一个孩子这样写道——

> 蒋老师，因为有您的呵护，我们享受了很多幸福；因为有您的督促，我们得到了前进的动力；因为有您的批评，我们拥有了改正错误的机会。一切都因为有您的存在，生活变得美好了。
>
> 想采撷一朵浪花，纺织您飞动的裙角；想收集一捧星光，点缀您飘逸的发梢；想挽留一抹斜阳，定格您最美的微笑……
>
> 蒋老师，希望您天天开心，快快乐乐，健健康康，青春永驻！
>
> 默默爱着您的学生

蒋老师这样给她留言——

> 把每天当作生命中的第一天，充满新奇和憧憬；把每天当作生命中的最后一天，满怀温暖和感恩。

二

作为校长，我完全可以用“优秀”来描述蒋长玲老师。当初她来学校应聘时，我叫她朗诵一首诗，她饱含激情地当场全文背诵了艾青的《我爱这土地》。读到最后一句“为什么我的眼里常含泪水？因为我对这土地爱得深沉”时，她的眼里真的闪动着泪花。

我发现蒋老师左眉梢好像有个淡淡的疤痕，她说，这是一个“纪念”——

她所任教的那所学校没有围墙。周日的夜晚，校园里很安静，只有提前返校的初三住校生，集中在一间教室里上晚自习，蒋老师守着他们。

突然，一个不良少年闯进教室来捣乱。蒋老师让所有学生都到自己身后去，她自己像母鸡保护小鸡一样，独自勇敢地面对捣乱者。望着比自己高出一头的对手，蒋老师挺直腰板，毫不畏惧，非常坚定地劝说对方离开。

蒋老师的凛然正气，并没能逼退不良少年，但蒋老师额头流下的鲜血，却吓跑了捣乱者。不良少年情急之下，一拳打裂了蒋老师的左眉梢，当场鲜血直流。后来经医生缝合，留下了一条很淡的伤痕。

哦，原来这淡淡的伤痕标志着她对学生的爱，体现着她对教育的爱。几年过去了，无论是语文教学还是班主任工作，都让我感到她对这教育“爱得深沉”。

我这里说蒋老师对教育“爱得深沉”是有特别含义的。因为爱，就要对孩子负责；因为要对孩子负责，就要不断提升自己的教育境界；因为要提升教育境界，就要不停地反思自己每一天的每一个教育行为乃至细节。也就是说，蒋长玲老师对孩子的爱，往往体现于真诚严肃的教育反思。

这是刚接新班不久。一天下午放学前，孩子们在蒋老师面前排着队背古诗。

当又一个女孩背完古诗后，蒋老师眼神扫过她胸前的校牌，上面写着女孩的名字“童心”，便随意地说了句：“童心同学过关!”并在过关名单上打钩，就示意她离开，让后面的孩子过来。

接下来也是个女孩，她的校牌戴反了，蒋老师看不到名字。等到她背完了，蒋老师一边埋头在名单里逡巡，一边问：“你叫什么名字?”她似乎迟疑了一下，然后小声地说了自己的名字。她打了钩，又示意她离开，又继续听后面孩子的背诵了。

等到所有的孩子都过关完毕，纷纷离去时，蒋老师也轻松下来。可是她发现那两个女孩还没走，反而凑到蒋老师面前。一个女孩高兴地说：“蒋老师，你怎么记得我的名字叫童心啊?”

蒋老师很尴尬，含混地说：“我当然记得啰，嗯，因为……你这么可爱!”还摸了摸她的脸，根本不敢去看她的校牌。

另一个女孩却没说话，很郁闷地站在旁边。

童心转过头去，向她炫耀说：“看，我就知道蒋老师记得我的名字吧。”

蒋老师很愧疚，安慰另一个女孩说：“我也记得你的名字的，只是神经短路，一下子没想起来。”

她眼睛一亮，很急切地追问：“真的吗？”

“是真的，你这么乖，名字还那么好听！”为了让她相信，蒋老师也摸了摸她的脸，又拍了拍她的肩。其实她心里真怕女孩让自己叫出她的名字。

她终于开心地笑了。

两个女孩雀跃着走了。一边走还一边叽叽喳喳地说：“哈哈，蒋老师记得我的名字。”“蒋老师说她也记得我的名字的。”“我的名字顺口，蒋老师一下子就说出来了。你的……”

……

留在讲台上的蒋老师深深地自责：“我太辜负这两个孩子的心了！虽然才开学一周多，可我为什么不花点时间记住每一个孩子的名字呢？”

由自责进而反思：“孩子们是多么在乎老师关注自己啊！哪怕老师叫出自己名字，他们都非常快乐，可我们往往忽略了孩子们的这种快乐。这种快乐不是一般意义上的快乐，它是一种被尊重的幸福。”

由反思进而行动：“我要尽快把每一个孩子的名字记住，从现在起，马上！而且以后每接一个班，我一定要在刚开始给孩子们上课的时候，就叫出每一个孩子的名字！”

三

上面这件小事，我是从蒋老师的博客中读到的。对如此细节都认真反思，可见蒋老师对教育的确“爱得深沉”。

在博客中，蒋老师还讲过一个叫小蔡的学生，这是她 1997 年刚刚参加工作带第一个班时的孩子。

当初，小蔡是个高高瘦瘦的男生，不是特别调皮，但毫不客气地说，他在班上是个“差生”。他成绩不好，每个学科很少有及格的时候，总分一般都在班上排倒数几名。初中毕业后，当然没有升学。

现在他已经成家，女儿都上小学了，一家三口租住在成都五大花园附近，孩子就在附近的学校上学，他夫妇俩靠摆路边摊，卖包子、稀饭为生。

他们每天早上三四点钟就要起床忙碌，把各类稀饭熬上，再做馒头和各种馅儿的包子。天一亮就蹬着三轮车出门了，车上载着做好的稀饭、包子，还有锅碗瓢盆和桌凳。他们早上一般是去附近的工地旁，那里有很多农民工照顾他们的生意。

等到早饭卖完，收摊回家已经晌午。略微休息一会儿，下午两三点钟就又要开始忙着做晚饭，五点多又蹬车出门，赶往荷花池一带叫卖。

他没有沾染抽烟、喝酒、赌博等不良习惯，做事勤劳，肯吃苦，不怕累。每天这样忙碌下来，生意最好时，营业额能够上千，一家人过得还算衣食无忧。

一个当初和小蔡同班现在事业有成的学生说："我很佩服他，也很敬重他。"

蒋老师在博客上这样写道——

> 是的，小蔡，我也以你自豪。
>
> 虽然当初做你老师时，忽略了你，有时甚至还嫌你拖了班里的后腿，但我现在却以你为荣。
>
> 你虽没能升学，没能进什么单位上班，但你却靠自己的双手，养活着自己的妻女——而不是靠投机钻营、奸猾欺诈。你凭自己的劳力吃饭，吃苦耐劳，勤勤恳恳，你比很多人都活得真实。
>
> 希望有机会能够见到你，当面告诉你："你也是我的骄傲！"

把学生中勤劳朴实的普通劳动者，也视为骄傲，这就是真爱。

四

和所有爱学生的老师一样，蒋老师爱学生的故事是讲不完的——

又一届初三了，德育处开始清理受过处分的学生了。一个男孩战战兢兢地来找蒋老师，询问自己受过哪些处分。蒋老师很惊奇地说："没有啊。"男孩不相信，说自己"大错三六九，小错天天有"，犯过那么多错误，怎么会没有处分呢？蒋老师习惯性地摸摸他的头，笑笑说："你不是已经改了吗？干吗还处分你呢？"

这三年里，这个男孩确实如他自己总结的一样，"大错常犯，小错不断"，很调皮，曾一度让人认为他患了多动症。蒋老师和他斗智斗勇，也想了很多办法：先写检讨、写保证，后来改成写反思；先是找同学监督、帮助，后来又让他去监督、帮助别人；还和他一起整理自己的缺点，然后一周改一点；还当着孩子的面在笔记本上认真地记下孩子所犯的错误，应该给予的处分……

在长时间的交锋中，蒋老师发现这个孩子特别缺少爱。可能因为父母们都很忙，现在的孩子普遍地缺少关爱。父母们不是对孩子漠不关心，就是对孩子声色俱厉，却很少和孩子亲昵。蒋老师就自创了很多招式，用“九阴白骨爪”摸摸孩子的头，用“大力金刚指”点点孩子的额头，用“飞马流星拳”敲敲肩，用“降魔掌”拍拍背，用“如影随形腿”踹踹孩子的屁股……这些招式一使出来，再调皮的孩子都变老实了，真是百试不爽。

初一时，这个男孩比蒋老师矮大半个头，蒋老师很轻易地就可以摸到他的头。现在他却已经高出蒋老师半个头，要摸他的头，得费力地抬高手臂了。

男孩终于相信自己真没处分了，很高兴，万分感激地向蒋老师鞠了一躬，并且保证以后要乖乖的。

一个来自大巴山下的女孩，入学考试成绩很差，平常成绩一直不突出，父母对孩子升学也不抱任何希望了。蒋老师刚刚接手这个学生，觉得这孩子纯真、可爱，就任命她当科代表，时常指导她的学习。在家长会上，蒋老师对她的家长说：“这孩子有上进心，自尊心强，肯努力，我对她有信心！”一席话重新点燃了家长的希望，也让孩子信心倍增。经过共同的努力，孩子最终考入了三年前她想都不敢想的一所中学。

到初三下学期了，一个男孩要求换座位。这个男孩头脑很聪明，但平常都用在调皮上了，学习根本不努力，所以一直是个中等生。他现在想请蒋老师把自己调到最后一排去，那里清静，适合自己学习。

蒋老师很高兴，说男孩和当年的自己很像，并且给男孩讲了自己初三时“主动请缨守后门，发奋图强一百天”最终考上重点高中的经历。最后说了句：“别辱没了‘我的座位’啊，加油！”男孩很受鼓舞。几个月后，当他真的榜上有名时，他的家人、同班同学都倍感意外。

已经是晚自习时间了，蒋老师还没有下班。几个调皮生又犯了严重的错误，站到了她面前。蒋老师的孩子病了快一年了，最近又做了第二次腹腔大手术。孩子刚刚出 ICU 两天，又发生了大出血，蒋老师慌忙请假去医院照顾孩子。等到孩子刚脱离危险，她又急忙赶回学校，没想到面临的却是这样的学生。已经几天不眠不休的蒋老师，再也无力批评孩子们了。看着孩子们脸上的不屑，和那一副死猪不怕开水烫的样子，她也意识到，对于这几个孩子来说，批评很难让他们改正，弄不好还会起反作用。

看着，想着，失望、伤心涌上心头，蒋老师不禁伏案痛哭。蒋老师一边哭一边说："在生死线上挣扎的人，都还在努力地坚持着，你们只是在分数线上挣扎，为什么要放弃呀！"那几个调皮生也跟着老师哭了，又给老师拿纸巾，又给老师端水，还忙着做保证，只差没给蒋老师跪下了。

这一次，蒋老师没有严厉地批评孩子们，只是让孩子们陪着自己哭了一场，却收到了此时无声胜有声的效果。自此，那几个孩子开始进步了，那场痛哭，也成了他们共同的秘密。

五

蒋长玲曾专门在博客上对教育之爱进行分析——

> 爱不爱一个人，从你看他背影的眼神就可以知道。看一个人的背影时，这双眼睛不会说谎，眼睛面对的是某人的脊背，心灵面对的却是自己。若你从不看他的背影，那你肯定不爱他；若他转身走开很远了，你的清瞳明眸仍不收回，那你肯定爱他。人的眼睛是通向心扉的，你的心已经跟着他走了很远了。
>
> 我们有没有留心去看过学生的背影？我们是否真心从正面看过学生？

她还提出，"有爱"必须还要"有才"；爱学生，就要在专业上有绝招，有"一技之长"——

> 现在的学生，可不是那么好打动的。如果你雄心勃勃，妄图指点江山激扬文字，结果可能会是折戟沉沙，饮恨而归。如果你和蔼可亲，试图春风化雨润物无声，但结果可能是涛声依旧，无功而退。如果你意欲铁腕加高压，收拾旧山河，结果可能会是怨声载道，故国不堪回首月明中。

一技之长，能让老师很牛气——一招“海底捞月”捞起掉落的粉笔头，不用圆规唰的一声画个特标准的圆，不看书本“侃”《诗经》、苏东坡……老师的一些“特长”或“特技”能打动学生，俘虏学生的心，让学生在钦佩和仰慕中喜欢你的人，喜欢你的课。

如孩童一样率真，和学生一起跌打滚爬；上课诙谐幽默，妙语连珠，会让学生禁不住收集“某老师语录”；教学时真情流露，讲到精彩处时，会大笑不止，神情激动；处理事情的方法，让人意想不到，刮目相看……

而蒋长玲就是这样的老师。

六

这么一个有真诚爱心和纯正情怀的老师，必然走向新教育。

在一些人的眼里，新教育是小学的事，中学有中考和高考，可能比较困难。但蒋长玲却在自己的班把新教育搞得有声有色。2016 年 5 月，武侯区面向全国搞了一个新教育展示周活动，其中有一个环节是让新教育榜样教师讲述自己的故事。

蒋长玲上场第一句话就把大家逗乐了：“我是属于那种漂亮得不明显的人。”全场爆笑。可蒋长玲不笑，而是从容不迫地讲了她所缔造的完美教室“雏鹰班”的故事：“我和孩子们一起打造我们的完美教室，营造书香班级，开展师生共读活动，一起搞班级活动……”

她讲了她班的“节日课程”。她说：“学校本就是一个充满节日的地方：读书节、艺术节、体育节、合唱节、素质操比赛、社会实践活动……我向往做一支会思考的芦苇，每个节日，我的‘雏鹰班’会在学校规定动作之外，加入一些自创动作。比如：在体育节，除了参加学校统一的比赛项目，我们自己班还进行了男子乒乓球比赛、女子踢毽子比赛；在学校的合唱节，‘雏鹰班’自己也举行了一个班级歌手大赛，最终大家评出了灵魂歌手、最佳组合等奖项。”

除此之外，在春节、端午节和中秋节等中国传统节日里，他们会有一系列的活动，有时是一两周，有时也会持续一个月。西方文化节他们也没有刻意排斥，圣诞节协同英语老师组织英语课本剧表演，万圣节与实习老师一起组织化装舞会。这些活动既丰富了孩子们的学习生活，培养了英语学习兴趣，加固了同学情谊，还增强了师生间的情感。

复活节恰逢月考前夕，蒋老师先准备了好几种蛋，趁孩子们不在教室里，她把蛋藏进孩子们的书包里、书桌里、收纳筐里、铁皮柜里、书柜里、讲桌里、花盆里、门角落里……等孩子们回来以后，她不动声色地开始上课，给他们讲复活节的来历、复活节的习俗，然后告诉他们，老师也为他们准备了蛋，自己找去吧。一声令下，孩子们嗷的一声就炸开了锅……翻箱倒柜、地毯式搜索，连蒋老师也被孩子们搜了两次身。最后当然就是分享战利品——吃蛋。

在母亲节，蒋老师把孩子们的妈妈都邀请到学校里，精心策划了一次亲子活动。首先播放事先录好的孩子们对母亲美好祝福的视频。然后是每个小组给妈妈表演节目，节目之间的串词就是孩子们写母亲的作文中的选段。接着全班同学聚在一起，手执鲜花，齐唱《时间都去哪儿了》。然后播放由孩子们交来的妈妈的照片配乐制成的 MV——制作虽然很粗劣，但却极为感人。最后蒋老师让孩子们去到自己妈妈身边，把手中的鲜花献给妈妈，把自己的感恩说给妈妈听。没想到的是，有几个孩子竟然把手中的鲜花献给了蒋老师。还有一个孩子给蒋老师写了一张纸条，上面写着："蒋老师，您虽然是我的老师，但我一直把您当作我的另一个妈妈，我一定会努力的！"

后来，蒋老师说起这事特别开心，她幽默地说："啊呀，看到这孩子说我是他另一个妈，我的幸福指数要爆表了，虽然当的是'二妈'。"

七

除了"节日课程"，蒋老师还推出了"种植课程"。据蒋长玲老师介绍，课程的源起是这样的——

在植树节前夕，蒋老师和孩子们正好学习了宗璞的《紫藤萝瀑布》一课，文中对紫藤萝的描写非常吸引人。蒋老师突然有了个想法：我们学校艺术楼前有一个走廊，搭着木架子，一直都是光秃秃的，不如让孩子们来种紫藤萝吧。

蒋老师买了很多紫藤萝幼苗回来，大家一起动手种下了。她和孩子们在藤前举行仪式，吟诗，许愿。那一刻，每一个人心里都充满神圣的感觉：这个将是我们“雏鹰班”留在母校的印记，等到我们将来再回母校时，必能看到它们枝繁叶茂、花开如瀑。

从此，孩子们午饭后总是要去那里坐坐，放学后也要转过去看看再离开学校，班级阅读等活动也常常去那边开展。班里出现什么问题了，他们就去那里反思，心情浮躁了，就去那里静静……整个班级散发着一种特殊的气息，每个人都仿佛闻到了紫藤萝的清香。

在这个种植过程中，却出了一个意外——有一株紫藤萝，在其他幼苗都相继发芽成活走蔓后，一直没有生命迹象，大家都以为种不活了。

怎么办呢？后来蒋老师在演讲时讲到这个故事，她说：“遇到教育难题的时候，我就会想起李镇西老师经常跟我们说的话：‘要善于发现身边每一个教育契机，抓住每一个教育机会。因为有些教育契机是随机而来的，不可复制的。’我就把难题当课题，把这个事件当作一个契机，把这株藤交给了班上的一个小男孩，并且告诉他，把藤种活！否则它就是我用来专门教育你的‘教儿棒’！”（注：“教儿棒”即“教鞭”）

这个男孩很聪明，但就是一副没长醒、没开窍的样子，很是调皮。蒋老师曾经试过好多办法，都没能打开他的心扉之门。她希望这株紫藤萝是那把钥匙。

果真，男孩在大家的督促下，每天都精心照料他的幼苗。只要坚持，就有惊喜。终于，两个多月后，那棵紫藤萝奇迹般地发芽了，成活了。男孩也在这个过程中渐渐成长了，看着几乎要枯死的小苗居然发出了芽，他在日记中写道：“那幼嫩的芽，直愣愣地凸显在我眼前，仿佛在嘲笑我：我都长醒了，你呢？为了不被蒋老师用它来当‘教儿棒’开化我，我决定还是要加油，怎么说也不能被一株藤比下去吧。在人生的成长路上，不逼自己一把，怎么知道自己能行？”

男孩的坚持，让幼苗发芽了；幼苗发芽又反过来“教育”了男孩，他也发生了变化。首先他自己的事情处理得妥当了，然后能够为自己的小组做事了。他在野炊时担任厨师，在梦想课上表演一位公交车乘客，担任小班主任后，在食堂为大家服务……到后来，他不但在行为习惯方面进步突出，而且学习成绩也一直名列班级前茅。

蒋老师说：“我坚信闻得到泥土的芳香，听得见花开的声音，孩子们的心灵就不会繁杂。”在这个种植过程中，“雏鹰班”的班集体建立起来了，花期不同的孩子和花期不同的幼苗也一起成长了。到了初三毕业，“雏鹰班”孩子们的中考成绩也取得了辉煌。事实证明，新教育绝不会妨碍孩子们成绩的提高。

蒋长玲至今也很普通——既非学校干部，也不是任何级别的“先进”或“优秀”。但她觉得新教育本身已经给了她足够的幸福。在武侯区的新教育展示周中，她站在舞台上眉飞色舞地讲着“雏鹰班”的故事，全场掌声不断，笑声不断。除了掌声和笑声，不少老师还流下了感动的泪水。

最后，蒋老师用这样自豪而掷地有声的话结束了她的讲述：“我并不领先，但我在行进。我并不优秀，但我很幸福。这就够了！”

2017 年 3 月 13 日

刘朝升：首先是一个好人

我多次在学校大会上说过：“一个好老师，首先是一个好人。”的确，无论做什么，首先应该把“人”做好。傅雷曾给儿子傅聪写信说：“先为人，次为艺术家，再为音乐家，终为钢琴家。”因此，我在谈朝升的新教育实践之前，想先谈谈朝升的为人。

在担任成都市武侯实验中学校长期间，我曾这样评价刘朝升：“这个小伙子是我见过的少有的还没有被社会污染的人之一。”我至今坚持我的评价。我这样说，并非意味着朝升是一个多么“感动中国”的“道德楷模”，不，在我校，他既非党员，也非干部，他就是一个普通的年轻老师。但朝升常常给周围的人带来阳光、温馨和感动。

朝升是甘肃天水人，大学毕业后来到四川。他的脸上随时都挂着阳光般的微笑，这微笑让人舒服，并对他产生信任。和他稍一接触，便能够感到他身上那浓浓的“西北味儿”——憨厚、朴实、真诚、勤奋、低调。

我当校长不久，朝升给我发电子邮件说，他欠着学校6000元钱。那是他大学毕业从甘肃到四川时，甘肃方面要他交6000元钱，否则不放他。当时他哪有钱呢？于是，当时的校长便同意他跟学校借钱。可他一直还没有能力偿还，他感到不安。读了信，我为他的诚实而感动。事情已经过去好多年，校长也已换了两任——因为我当校长时，前任校长根本没跟我说，学校其他副校长也不知道这事。如果他不说，很可能这钱就不了了之了。可他说，学校对他那么好，他不能对不起学校。后来，我邀请他一起写了一本《给新教师的建议》，第一次领了稿费，他就用来还债。几年后，学校安排他赴西安参加一个班主任教育艺术研讨会。回到学校好几天了，也不见他来报销交通费、会务费之类的。我问他，他真诚地说："不用报销的。"我说学校派你出去学习，该报销的费用也应该报的，这是制度。他憨憨地笑着说："我有钱了！现在实行绩效工资，我的收入比过去有了很大提高。"

朝升工作从来不讲价钱，绝对服从大局。我当校长这几年，他在完成正常教学任务的同时，还先后被安排在行政办公室和德育处做过干事。所谓干事自然就是干事啦——说白了，就是打杂。他教地理，课本来就很多，而行政办工作的特点是杂事多而琐碎，可以想象，朝升多么辛苦，可依然干得乐呵呵的。没干多久，学校又把他调到德育处，这更是一个难题成堆的地方，且突击性强，但朝升依然二话没说，任劳任怨地工作着。有一段时间，他还当着班主任。我常常看着他楼上楼下跑得气喘吁吁，可他依然连眉头都没皱过。

朝升在教学上很爱动脑筋钻研，他搞科研不是为了应付上面的任务，而是自己对自己的要求。他爱读书，一看到什么教学经验，他就尝试着结合自己的实际创造性地运用。他是我们学校最早学习杜郎口中学课堂教学模式的老师之一。杜郎口中学的老师第一次来我校上课的第二天，朝升便依葫芦画瓢地在自己所在的班尝试起来了。后来他去杜郎口中学参观，还在杜郎口中学上了一堂地理课。他把这次上课当成是学习的机会。上课伊始，便对孩子们说，我是来学习的，你们是我的小老师。接下来，朝升果真把课堂任务交给学生，让他们按照平时老师上课的模式来自主学习，他则在一旁观察、询问。下课前，他让每位同学写上他们老师上课时使用最好的策略和给他的建议。后来，朝升成了我校课堂改革的先锋人物之一。

有一次，胡鉴老师对我说："李校长，刘朝升特别爱读书，可能他是我校读书最多的老师呢！"这个我多少知道一些，因为我不止一次看到他在校园里一边走一边拿着书读。朝升常说自己在农村长大，书读得太少，因此他有一种内在的紧迫感，想拼命地补上过去欠下的阅读。只要我在大会上给老师们推荐了什么书，朝升一定会去买来读。有时候和他聊天，他会问："李校长，您最近读什么书呢？"然后他会记住书名去网购。有一次我和他一起从北京开会回成都，在飞机上的两个半小时里，他一直低着头，目不转睛地在阅读着什么书，因为隔着几个座位，我看不清他在读什么。下了飞机我问他刚才读什么，他给我扬起手中的书，是苏霍姆林斯基的《爱情的教育》。

卸任校长那一天，我对老师们说我办公室书橱里的书不带走了，都送给老师们。散会后，老师们纷纷到我办公室“抢”书。然后，请我在他们选的书上签名，并和我合影。朝升抱着一大摞书，有点不好意思地对我说：“李校长，是不是多了一点?”我乐了：“不多，不多！这些书到了喜欢它们的人手里，我最开心!”

我担任武侯实验中学校长时，给自己订了一个重要的工作目标，就是培养年轻人。除了通过听课、谈心、阅读、教师论坛、青年教师沙龙等方式从“面”上引领老师们，我还成立了一个工作室，公开招收徒弟，从“点”上轮流手把手地教年轻人。刘朝升就是正式拜我为师的徒弟之一。2008 年 9 月，我出任一个初一的班主任，没当过班主任的朝升主动要求做我的助手。他虚心好学，读了我所有的著作，又善于思考琢磨，很快便熟悉了班主任工作。

现在想起来，和朝升一起带班的日子真是值得怀念——我俩每天都和学生一起跑操，我俩一起设计班会课，我俩分别找同一个“问题孩子”谈心，我俩一起攻克班上一个又一个难题，我俩创作了一个又一个成功的教育案例，后来我俩又一起走进中央电视台讲这些精彩的教育故事……比如“破案之后”：班里出现了失窃，当时我在外面，朝升很快破案，但我将这件事作为一个教育契机，在班上开了一节震撼人心的班会课。案例发表后，许多老师对我所谓的教育智慧赞不绝口，其实这是我和朝升共同的成功杰作。

当然，作为年轻老师，朝升最初的确不熟悉班主任工作，有时也急躁，也发愁，但我们一起商量，一起破解。慢慢地，朝升越来越成熟，越来越从容。搞了绩效工资后，为了平衡工作量，我把班交给了他，我只当副班主任。这个班毕业后，他独当一面做了班主任，深受孩子们的爱戴。

朝升虽然说是“向李镇西老师学做班主任”，可绝不是亦步亦趋地模仿，他有着自己独特的智慧。他也是我校新教育实验的先行者，但他不是简单、生硬地将新教育的概念套用在自己班上，而是结合自己班上学生的实际情况而加以创造性实践。比如，他的“绝对悦读”和“小组日记”就是带有“刘朝升特色”的新教育“格式”。

营造书香校园（班级）是新教育实验的重要行动之一。朱永新老师说，一个人的阅读史就是一个人的精神成长史；《朗读手册》的作者吉姆崔利斯说，阅读就是消灭无知、贫穷与绝望的终极武器；新教育说，教育是唤醒，每一个生命都是一粒神奇的种子，蕴藏着不为人所知的秘密，而阅读能够唤醒这种蕴藏着的美好与神奇。根据这些理念，刘朝升老师在其班上开展了他称之为“绝对悦读”的实践。

所谓“绝对悦读”，就是每天中午利用半个小时的时间，让孩子们在教室里绝对安静地沉浸在自己喜爱的书籍中。具体做法是，每天中午 12:50—13:20，全班自由阅读，可以阅读班级书架上的书，也可以阅读自带的书。阅读的范围没有做任何限制，只要你喜欢，你就可以读。唯一的要求是，这半个小时内，学生不能做其他作业，只能阅读，所以叫“绝对悦读”。在学生阅读的时候，刘老师巡视一遍，看看他们看的什么样的书。如果看到有同学在看漫画、言情小说、恐怖小说、玄幻小说等流行书籍，刘老师便私下和他们交流，告诉他们，这些书可以看，但不能沉迷其中，因为这些书属于营养价值不高的精神快餐。在班务小结上或者小组日记上，刘老师经常告诫同学们：我们的阅读面一定要宽，虽然文学方面的经典名著是我们阅读的重点，但是我们还应该涉猎一些历史、地理、军事、文化、艺术、科技等方面的书籍或者刊物。只有宽泛的、大量的阅读，才能开阔我们的视野，激发我们的思考，增加我们的智力背景，从而更加有助于我们文化课的学习，提高我们的考试成绩。

除此之外，刘老师还经常向同学们推荐或者讲解他阅读过的书籍，因为刘老师感到，好书对他们的影响比自己的说教更有说服力和感染力。刘老师先后让学生们读完了《少有人走的路——心智成熟的旅程》《与心灵对话》《优秀是教出来的——创造教育奇迹的 55 个细节》《第 56 号教室的奇迹 2——点燃孩子的热情》《第 56 号教室的奇迹——让孩子变成爱学习的天使》《成功无捷径——第 56 号教室的奇迹》……

这些“悦读”明显地调动了孩子们的读书热情，他们喜欢上了中午这半个小时，不但许多孩子的精神面貌变了，而且整个班级也形成了浓浓的阅读氛围。刘老师曾对我说：“每天中午，我班‘绝对悦读’的时候，连平时最调皮、最不爱学习、最坐不住的孩子，也会那么安静地捧着书在读，那么投入，进入了痴迷状态！”

新教育理念注重孩子的自我教育，主张唤醒孩子内在的向上激情，让学生集体也成为自我教育的载体。刘朝升老师创造性地运用了“小组日记”的形式，让孩子们彼此感染，互相教育，共同进步。

请读读刘老师给家长们的一封信——

> 每天我最幸福的时候莫过于和12位同学“谈心”——阅读、批改他们的日记。因为是四人小组内轮流写日记，这样我一周至少能把每个同学的日记读一篇——了解他们的所思所想，写下我的感想，和他们交流。有时候，给同学写的批语，比他写的日记的字数还要多。虽然每天批阅日记占用我两节课的时间，但是，我乐此不疲，喜欢享受这种交流的幸福。从他们的日记中，一旦发现闪光点，我就及时大张旗鼓地表扬，发现问题，及时沟通解决。我想，如果家长能经常读孩子写的日记，可能和我一样，也会怦然心动，拿起笔来，和孩子通过文字交流。

小组日记由四人小组的每一个同学轮流写，这是孩子们放飞心灵的平台。因为刘老师很少硬性规定小组日记的内容，提倡同学爱写什么就写什么，只要思考了、用心写了就行。所以，在小组日记中，涉及的内容很广泛，有对同学的表扬，有对同学的批评，有对家庭幸福的表露，有对家庭矛盾所带来痛苦的流露，有自我表扬，更有自我反思，有对友情的思考，有对爱情的思考……

借助他们在小组日记中反映的情况，刘老师可以做很多引导孩子们的事——好的方面，不遗余力地公开表扬；不好的方面，书面交流或者私下当面交流。也许是因为这个原因，同学很喜欢读刘老师写的评语，尽管有时只有三言两语。有些同学如果不同意刘老师的观点，还要等到下次他写日记的时候跟刘老师长篇大论一番。在这小小的日记本上，师生是平等的。

朝升一直真诚地说“向李老师学习做班主任”，其实在带他这个徒弟的时候，我也在向他学习。他的勤奋，他的纯粹，他的好学……都是非常值得学习的品质。在这里我特别想说说朝升的心态。朝升心态很好，总是那么乐观、阳光。面对学校一次次考核、评优、选先、提干……他从来都与世无争，我从没听到过他一句抱怨。他难道就没遇到过不公吗？我想肯定也遇到过的，但他会以积极的心态去化解，用宽广的胸襟去包容，更主要的是，对朝升来说，还有更有价值的事吸引着他去关注、去投入。这里我特别要说明的是，我绝不是主张面对不公、不平逆来顺受，不，如果我们的权益与尊严受到了侵犯，我们完全可以也应该依法维护自己的权益与尊严。问题是，由于种种原因，很多时候事情并不那么简单，也不是所有的不公平都达到了法律的高度，而且种种不公也不可能在一个早晨彻底消失。那怎么办呢？还是得调整心态，从容应对。何况，很多时候缠绕我们的不过是一些琐碎的烦恼，完全可以一拂了之。李白有一句诗："空长灭征鸟，水阔无还舟。"不是天空没有飞鸟，而是晴空万里，辽阔无边，一两只鸟简直微不足道；不是水面没有船只，而是烟波浩渺，水天一色，一两只船也就微乎其微了。这是胸襟，也是心态。从某种意义上说，拥有了好心态，便拥有了幸福。我想，朝升正是这样的人。迄今为止，他连区级荣誉都没有，可他依然那么快乐地工作着，因为他信奉"幸福比优秀更重要"。

在武侯实验中学，这样的老师还有很多。正是有了朝升和像他一样的许多老师的存在，我这个校长才感到了自己工作的价值，并随时都收获着温馨与感动。

2016 年 10 月 3 日

唐燕：幸福比优秀更重要

一

刚当校长不久，一位漂亮的女教师来找我：“李校长，我不想当班主任。”我一看，是工作不久的唐燕。

请她坐下后，我问她为什么不想当班主任，她说：“我第一次当班主任，就遇到班上一个叫方舟的男生，我实在受不了了！”她喋喋不休地给我数落这个方舟种种“恶劣行径”。“迟到旷课，打架斗殴，批评他他便跟我顶撞，还动不动就说要跳楼！”她气愤地说着，脸涨得通红。说完了，她望着我，期待着我的答复。

且让我暂时“穿越”一下——十年后，在武侯区新教育开放周的讲台上，面对来自全国的新教育人，唐燕在讲述她的成长时也讲到这次和我的对话。她说：“当时，李校长听完我诉说，对我说的第一句话是：‘唐燕，我恭喜你有了一个科研对象！’”

下面的代表们全都笑了。

好，让我再“穿越”回去，回到当时我听了唐燕诉说后的那一刻。

是的，我的确是这样对她说的。“唐燕，我恭喜你有了一个科研对象！”我说，“开学这么久了，怎么可能给你调整工作呢？动你一个人就得动其他老师。”我首先明确断了她不想当班主任的念头，然后说：“换种眼光看方舟吧！换种科研的眼光看他，那样你就不会生他的气了。他是你的科研对象啊！”

她惊讶地看着我，好像没听懂我的话。

我说：“你看，有哪个科学家反感过自己的研究对象？一个都没有！别说科学家，医生也是如此。每一个病人，无论其病情如何严重，医生从来不会生气，因为他在研究，因为每一个病人都是他的科研对象。所谓名医，就是通过研究无数疑难杂症的病人成为名医的。所以说，我要恭喜你有了一个科研对象！”

唐燕似乎明白我的意思了，若有所思。

我继续说：“最好的科研就是转化后进生，而你当班主任居然遇到了这样的学生，真是好福气！”我建议她以研究的眼光看方舟每一天的表现和变化，思考其为什么会有这样的表现和变化，等等。“比如过去他打架了，你会怒火万丈，但现在他同样打架了，你就应该研究：他为什么会打架呢？他的性格如何？他的生活经历如何？他的人际交往如何？等等。然后你把这一切都记录下来，包括你和他打交道的过程，以及你的感悟和琢磨，都记录下来。这就是教育科研！”

二

从那以后，唐老师再也不在我面前闹着不当班主任了，她开始很投入地研究方舟，而且几乎每天都把“研究成果”发到网上。于是，那段时间我每天晚上都上网读唐老师的帖子，时不时还跟上几句，心里一直惦记着方舟的成长。一年后，唐燕生孩子回家休产假，交给我一篇两万字的教育手记《方舟的故事》，完整地记录了自己与方舟打交道的过程，其实这也是唐老师成长的过程。正如她说：“方舟促使了我快速成长。”

这篇手记夹叙夹议，有故事，有思考，故事呈现出生活本来的真实而波澜曲折乃至跌宕起伏，让我在读的过程中，时而忍俊不禁，时而掩卷沉思，时而焦急不安，时而舒心长叹……从这个长长的故事中，我感受到太多的东西：教育的爱心与智慧、复杂与无奈，还有教师的倾注与坚韧、彷徨与坚守……

比如，唐燕在研究方舟与其父母的关系时，这样写道——

> 方舟这孩子缺乏最起码的荣誉感和上进心，也缺乏正常的情感。他曾直言不讳地告诉老师：“我到学校来干什么？耍！”而缺乏情感则主要体现在对待他父母的态度上。
>
> 记得以前我曾经说他最害怕他的父亲，最看不起的是自己的母亲。他曾经在大庭广众之下对母亲大呼小叫，甚至有大打出手的冲动，而我

认为造成这样的现状是因为父亲管得少但管得狠，母亲管得多但管得乱。至少我感受到的是他比较敬畏自己的父亲，曾经为了改善他与母亲的关系我找他聊过，在他那里对母亲颇有微词，但从来没有表现出对父亲的不满。然而这学期似乎一切都变了，可能是因为家庭里的某些变故，我发觉他对父亲的感觉一落千丈，言语中甚至充满了仇恨和轻蔑。

当然我知道其中的原因，这种变化主要是源自于自身的经济利益，因为母亲说要将一套房子给他，但父亲没有说这话。别人的家事我们不能妄加评论，但一个十二三岁的孩子因为一套对现在的他来说并没有多大影响的房子居然如此对待自己的亲人，这让我不寒而栗。

想象一下，一个本来应该很单纯的孩子，内心充满的只是利益、仇恨之类的东西，仅仅因为一套房子而抛弃了自己的亲情，仅仅因为经济利益而完全忘记了此前父亲的种种对他的爱，推翻了此前父亲的所有付出，哪怕以前是如何的崇拜。这种行为放在一个市侩的成人身上，我们都会谴责，怎么能出现在一个半大孩子身上？

我时常想，造成这样的局面，他所受的家庭教育、他的家庭环境应该承担怎样的责任？如果从小他生活在一个稳定的、充满温暖的家庭之中（曾有传言，方舟的父亲曾几次进出监狱），那么还会有今天这些令人头疼的问题吗？他的父母不爱他吗？肯定不是，但他对父母的感情却如此浅薄，这里我不得不说："自己酿的苦酒只好自己喝吧！"

写到这儿，心头竟涌起了一丝心痛和怜惜，突然觉得这孩子其实挺可怜。

……

三

其中，最打动我的，是唐老师和方舟之间的情感与信任。我认为，无论教育对象如何顽劣，如何桀骜不驯，甚至看起来多么不可救药，只要老师和学生始终保持一份情感和信任，教育就永远希望不灭，就永远不会山穷水尽。

方舟可谓"劣迹斑斑"且"屡教不改"，但有一点让唐老师不会绝望，那就是孩子对她的情感、信任以至依恋，甚至孩子有时犯错误也是为了取悦于他所喜欢的唐老师——因为唐老师无意中说了家门外面被没有教养的邻居堆满了垃圾袋，他竟然就去为老师报仇！其实，在和方舟打交道的过程中，唐老师对他该训就训，该罚就罚，有时甚至拍案而起，“劈头盖脸地骂了他一通”，但方舟就是不恨唐老师。为什么？因为他信服唐老师呀！

我经常说，只要和学生有了感情并建立了信任，嬉笑怒骂皆成教育！无论方舟让唐老师多么气急败坏，唐老师的内心深处都燃烧着一个信念：方舟绝非不可救药的坏孩子，只是顽童而已，而且这个顽童的心灵深处依然有着善良而柔软的空间。凭着这个信念，唐老师从来都没有把方舟当敌人。有了这种认识，唐老师自然会和方舟始终保持着感情与信任，而且还时时感动于方舟对自己的感情与信任：“孩子对老师能有这份情谊，做老师的还有什么奢求？”师生之间的这份情感，制约着方舟，让他无论如何都不可能坏到哪里去，因为他心中有唐老师呀！

后来，因为唐老师工作的调整，她不再做班主任了，可师生之间依然彼此牵挂着。教师节到了，“他笑笑，满头大汗地望着我。我想，够了，他还能记得我这个老师，值了！我正想向他表示感谢，谁知他继续在书包里掏着东西，拿出来的居然是一罐孕妇奶粉，感动猛地冲击我每一根血管！相信这是我今天收到的最细心、最真诚的礼物”。读到这里，我的鼻子发酸。企图让方舟在短时期内有翻天覆地的变化，是一种教育的天真，但方舟的的确确在不知不觉中变化着，这就是唐老师的成功。其实，即使这些变化微不足道，就凭着方舟离开唐老师之后，唐老师“每个月准能接到他打来的电话”，就说明唐老师不仅仅有教育的成功，更有职业的幸福。

手记结尾时，唐老师写到了少年马克思的一段话：“我们的事业并不显赫一时，但将永远存在。而面对我们的骨灰，高尚的人将流下热泪。”这是镌刻在我们学校教学楼台阶前的一段话。唐老师通过刻骨铭心的教育经历，真正理解了这段话并不是什么豪言壮语，而是一种普通人可以感受并享受到的朴素情怀。

其实，唐老师所面对的方舟，我们每个老师都碰到过，或者正在遭遇，但并不是每个老师都像唐老师这样从容。须知，唐老师的性格其实是很急躁的，但她居然在面对方舟时表现出让我惊讶的坚忍与柔韧、从容与宽容（当然，偶尔也“气急败坏”），其根本的原因，还是她和孩子之间的感情与信任。唐老师记录的这个惊心动魄、扣人心弦、跌宕起伏、妙趣横生的故事，为苏霍姆林斯基的一句朴素名言提供了一个中国版的诠释：“对孩子的依恋之情——这是教育修养中起决定作用的一种品质。”

四

唐燕休完产假后提前回校，便没有再当班主任，而是在继续上语文课的同时，又担任教务处的干事。但上学年快结束的时候，她找到我：“李校长，下学期还是让我当班主任吧！”我问为什么，她说：“不当班主任，心里空空的。”我说：“那你的工作量就太大了。”她说：“不要紧，我愿意做的事，再累心里也踏实。”于是，新学年开学，唐燕如愿当上了初一班主任，又开始有滋有味地研究着每天一个个具体的难题，用实践书写她自己的生命故事。

过了几年，学校办公室主任贺兵调到另外一所学校去当副校长了，何书记便动员唐燕参加办公室主任的竞聘。唐燕不太愿意，但经不住何书记多次劝说，她便报了名。谁知——其实应该是“果然”——她一竞聘便成功了，当上了学校办公室主任，自然也就不再担任班主任。

唐燕就是唐燕，虽然她不是特别愿意当这个办公室主任，但一旦就任她就非常认真。宣传、接待、工会、人事……样样她都做得很棒，渐渐地，连教育局领导都注意到她了，觉得“这是一棵好苗子”，便吸收她进了教育局办的“未来教育家研修班”，这个研修班是专门培养校长的。那一段时间，所有人都认为唐燕“前途看好”。

但做了办公室主任仅仅两年，在一个学期快放假的时候，她到办公室找到我：“李校长，我有个想法，请您理解并同意。”

我心里一惊：你又有什么“想法”了？但表面上还是很平静地问：“什么想法呀！但说无妨。”

她说：“我想辞去办公室主任，退出‘未来教育家研修班’。我对当校长搞学校管理一点兴趣都没有，我就想当班主任，我觉得还是当一名班主任老师踏实些！”

我一下想到我的年轻时代，想到当年在成都石室中学时，也曾对老校长说过类似的话。当即便说：“我同意！以后我给你创造条件，让你朝教育专家方向发展。”这话也是当年老校长对我说的。

唐燕脸上露出舒心的笑容：“谢谢李校长！真的很感谢！我还有，一个，一个愿望……”她欲言又止，好像不太好意思说。

我说：“还有什么愿望呀！不要紧，一起说出来。”

她鼓了鼓勇气，说：“请您看看目前学校哪个班的问题比较多，我就去担任哪个班的班主任。不是我有多么高尚，也不是我多有能耐，我就是想，想搞研究……”她还要求我给她这个想法保密。（几年过去了，我现在揭秘，唐燕老师不会怪我吧？）

当时，我心里非常感动。我说：“这个，学校要通盘考虑。但我支持你！”

五

从那以后到现在，唐燕一直作为一个普通的班主任和语文老师行走在她的教育成长之路上，尤其是在新教育实验方面，她可以说是走在了许多老师的前面。她自己说：“我的教育行为很多时候会不自觉地呈现出新教育的特点和气息，因为我对新教育有一种深入骨髓的爱。”

比如，她的书香班级就特别有声有色。

唐燕每新接一个班当班主任（同时当然也担任语文老师），她的教室里有一样东西必不可少，那就是班级书柜。作为语文老师，唐燕非常倡导学生阅读，很多时候她宁可学生少做一点作业，也要多一点时间阅读。因为她始终认为，阅读不仅关系到学生的现在，而且对于他们的一生都会产生重要的影响。她曾说：“一个不爱阅读、不会阅读的人是没有什么生活质量可言的。”

具体说来，唐燕推动书香班级建设主要采用了以下几种形式：

第一，全班共读：每月共读一本书是唐燕班上的惯例，也可以说是传统。共读的书目除了课本上推荐的青少年必读的经典书目外，她还会跟随教材推荐相关的读本，如史铁生的《我与地坛》、林海音的《城南旧事》、曹文轩的《草房子》等，一般来说课本上有节选的，唐燕认为又适合初中生读的，她都会组织全班共读。

第二，个性阅读：班级书柜的主要作用在于方便全班同学的阅读交流，唐燕班上的书都是孩子们从家里带来，在班级内部漂流的，每月一换，尽量保证“血液”新鲜。每天中午的午读时间都是同学们进行个性阅读的时间。

第三，班级创编：对于阅读而言，小说、散文、传记之类同学们读得比较多，但对于古典文学、国学经典反倒涉猎得比较少。为了弥补这个不足，唐燕指导全班同学一起自编了三本文言文选刊，复印出来，每个语文早读课孩子们就读一则，这样日积月累，同学们在文言文方面的积累还是颇为丰富的。

第四，师生交流：“师生共写”是师生之间、同学之间读书交流的主要途径，通过这样的方式，启发思维，增长见识。但除了共写之外，班上还经常开展读书交流会，以班会的形式来展现阅读成果，比如在阅读了史铁生的《我与地坛》之后，唐燕把全班同学带到院子里的银杏树下，开展了一次读书交流活动。当时正是秋季，满地金黄的银杏树叶，与史铁生书中描写的某些场景颇为相似，那天的读书会同学们交流了整整两个小时，气氛非常热烈。

六

我至今记得一个秋天的中午，唐燕的学生们来邀请我参加他们的读书会。当天，我在博客上有这样的记录——

> 昨天，初一（11）班的孩子给我送来一个自制的精美邀请函，邀请我今天参加他们的读书会。
>
> 今天，成都出现了难得的秋高气爽的天气。中午，我来到操场边，参加了初一（11）班的读书活动。
>
> 在一排枝繁叶茂的树下，孩子们围坐成一个半圆，两位小同学站在中间大方地主持着。今天，他们交流的书是《青铜葵花》。我校图书馆买了许多名著，而且有的书买的是复本，就是说，同一本书买了很多本，比如这本《青铜葵花》就买了120本，这样方便两个班的孩子同时阅读。
>
> 今天的读书交流活动，形式活泼，内容丰富。有知识抢答，有心得交流，有佳句赏析，有情境表演……特别是最后的情境表演，几个孩子

分别扮演书中不同的人物，展示了“葵花认亲”的感人情节。

中途，主持人即兴抽我发言，要我说说我对这本书的看法，我刚好以前读过这本书，所以我说——

“我是几年前读《青铜葵花》的，故事我已经不能完整讲述了，但我记得当时我相当感动，尤其是那一个个细节，比如青铜为葵花做冰项链，他在风雪中卖芦花鞋，他为妹妹捉萤火虫做萤火灯，他让妹妹骑在自已脖子上看马戏，葵花为了不给家里增添负担而有意考不及格，她为了给奶奶治病去捡银杏……让我不止一次热泪盈眶。

“关于善良，关于纯洁，关于坚忍，关于勤劳……这些现在看来似乎已经很稀罕的精神元素，在青铜、葵花、奶奶以及爸爸妈妈的身上非常自然地呈现出来，这种呈现是以贫穷和苦难的故事为载体得以实现的。

“作者坦言，这是一部写苦难的作品，但作者并不是一味歌颂苦难，而是希望通过对苦难形象的诠释，告诉读者——特别是少年读者，有些苦难，其实是我们成长过程中的一些无法回避的元素。我们要成长，就不能不与这些苦难结伴而行，就像美丽的宝石必经熔岩的冶炼一样。

“我再一次被作者的纯美所征服。对于中国最近一二十年的小说，我同意这样一种评价：有故事，没文学。的确，现在许多小说，作者太注重一下子抓住读者，可以编织惊心动魄的情节，却忽略了或者不屑于‘文学’——美的情感、美的形象、美的景物……这一切当然都是通过美的语言来实现的。”

我说着，随手从身边一个孩子手中借一本《青铜葵花》，翻开第一页给大家分析——

“曹文轩的小说是纯美的，因为他的语言是充满诗意乃至富有一种梦幻的色彩。请看小说开篇的几句：‘七岁女孩葵花走向大河边时，雨季已经结束，多日不见的阳光，正像清澈的流水一样，哗啦啦漫泻于天空。一直低垂而阴沉的天空，忽然飘飘然扶摇直上，变得高远而明亮。’这样的语言太富有画面感了，而且是刚刚完成的还散发着墨香的水墨画。

“再看作者写哑巴男孩隔着大河和小女孩对视：‘这是一个无声的世界。清纯的目光越过大河，那便是声音。’这样的语言难道不就是诗吗?

“还有——

“‘起风了，芦苇荡好像忽然变成了战场，成千上万的武士，挥舞着绿色的长剑，在天空下有板有眼地劈杀起来，四下里发出沙拉沙拉的声音。’

“‘一个女孩，一只鸟，在空阔的天底下，无言相望，谁也不去惊动谁。只有大河纯净的流水声。’

“‘夜晚的大河，平静地流淌着。月亮挂在天空，水面上犹如洒满了细碎的银子。几只停泊水上过夜的渔船，晃动着渔火。你看着那渔火，看着看着，渔火不再晃动，却觉得天与地、芦荡与大河在晃动。大麦地的夏夜，很梦幻。’

“……”

最后，我充满情感地对孩子们说——

“参加你们的读书活动，我很感动。我在想，现在，就是此刻，你们的许多同龄人正在打电子游戏，或以种种无聊的方式打发无聊的时间，而你们却在交流富有诗意的《青铜葵花》，特别是在这么一个富有诗意的秋天的中午，在这么一个富有诗意的我们美丽的校园！在我的眼里，你们每一个人都是一首美丽的诗！我禁不住遐想，若干年后，你们长大了，甚至三十年五十年后，你们回忆自己在武侯实验中学的岁月，一定会想到这么一个富有诗意的秋天，和秋高气爽之下的这么一个富有诗意的读书活动，当然，也会想到我们共同读过的手中这本富有诗意的《青铜葵花》!”

七

唐燕班上的“培养卓越口才”也做得很不错。她培养学生的口头表达能力，很多时候是通过节日活动或专题活动进行的。比如那次班级辩论会，唐燕走进教室，见多媒体上赫然打着一行大字："嗟来之食，我们该不该吃?"这是学生自己组织的一次辩论会。

"这个辩题确定得不错，尊严和生命哪一个更重要呢？连我这个成年人一时都想不明白呢!"唐燕心里暗暗佩服孩子们。当她的目光扫向教室后排的时候，还真是吃了一惊：好家伙，阵势还真不小！只见班上的数学、英语、物理、政治等好几个学科的老师坐在后面向她招手，唐燕一下觉得，这些孩子们弄得还挺郑重其事的。

辩论开始，唐燕被安排在主席的位置，其他老师则作为评委。只见双方各有四个辩手，四个辩手对立而坐。首先正反方一辩发言，看得出俩孩子都做了充分准备，手里拿着便条，引经据典，从"嗟来之食"的典故，到近当代的实例都搬了上来。接着双方进入自由辩论阶段，主要是双方的二辩、三辩发言，采用点名的方式当面提问。这个环节是最为精彩的，双方针锋相对，你一言，我一语，妙语连珠。

随后是双方四辩做总结陈词。四辩的总结其实非常考验水平，因为这个总结并不是简单的查点资料，做点笔记就可以形成的，他必须根据辩论场上对手的发言来针对发言，要懂得抓住对方的漏洞来支撑本方的观点，因此非常考验这两个孩子随机应变的能力。结果他们牢牢抓住了总结陈词的精髓，这让唐燕非常惊讶和欣慰。想一想这些孩子，多年以后回忆起中学时代的这一幕，这将是什么样的激动呀!

八

在唐燕成长的过程中，我呢，也尽我所能帮助她。其实，我的所谓帮助，无非就是给她推荐书并督促她阅读呀，提醒她随时写教育随笔、课堂实录呀，或者应邀去她班上给孩子们上班会课呀，等等。有时候也帮她推荐文章发表，还曾带着她去福建、广安等地讲学。

毫无疑问，唐燕已经是一名真正意义上的优秀青年教师。但由于种种原因，好几次评优选先，她都没能够胜出。我心里为她惋惜，但她好像从不为此而烦恼。其实，按人之常情，我想她也许会感到一丝遗憾和失落，但她都能及时调整心态，乐观前行。在我的眼里，唐燕就是那么大气、淡泊、坦荡。她用自己的人生态度，演绎着我常常说过的一句话：“幸福比优秀更重要。”

上学期期末，我卸任了校长。那一段时间，我手机里满是老师们发给我的表达不舍情感的短信，其中也有唐燕的短信：“李校长，听到你要离开的消息很震惊，也很不舍。非常感谢你在这九年中给予我的帮助和厚爱。你不在就再也没有人问我读没读书，写没写文章了，我害怕没人监督和引领自己会变得懒惰，心里好失落呀！离开我们学校你的压力会小一些，注意身体，希望你能天天开心。我会来看你的！”

离开武侯实验中学后，至今我还没见过唐燕一次，但每次想到唐燕——还不只是唐燕，还有学校许多像唐燕这样的老师——我就想到和他们在一起的温馨的日子。

于是我心里也就温馨起来。

2015 年 11 月 8 日晚于太原至成都的航班上

黄雪萍：怒放的生命

2015年9月29日，成都市红牌楼小学的黄雪萍老师在武侯区教科院学术报告厅对全区老师讲她的新教育实践。她的第一句话就“跑题”了：“首先，请大家猜猜我的年龄。”

大家愣住了。因为黄雪萍老师已经人到中年，虽然有着年轻人的朝气，但怎么也有四十好几了吧？

没人回答。黄老师自己说：“8个月零21天。”

这下老师们乐了，知道她是在开玩笑。但她怎么说自己只有8个月零21天？大家还是不解。

黄老师继续说：“对！就是8个月零21天。因为自今年1月8日邂逅新教育后，我才真正感受到教育生活的幸福，我把这一天确定为我的一个生日——我的新教育生日。这8个月零21天，是我20多年教育生涯中最精彩的265天，新教育让我一路快乐一路感动，好似一种重生的幸福。”

她说的“1月8日”那天，指的是2015年1月8日在北京师范大学礼堂举行的新教育生命叙事报告会。会上，来自全国各地的新教育榜样教师讲述了他们的新教育生活，以及新教育带给他们的成长与幸福。

当时我带着武侯区的一群老师在下面听，黄雪萍是其中之一。听着听着，她被“击中”了：原来还有这么好的教育？自己从教20多年了，一直就期待着这样的教育啊！散会了，黄雪萍还沉浸在激动与向往中。她走出礼堂，在北师大的操场上一圈一圈地跑着，以此来释放自己的兴奋与激动。那天，北京气温零下四度，但天空却格外晴朗。阳光像瀑布一般打在黄雪萍的脸上，她感到的是新教育的阳光扑面而来……

黄雪萍从小就有一个梦想，那就是做一名小学教师。这个梦想在25年前就实现了。凭着善良、勤奋，从教25年的黄老师拥有了在她这个年龄的小学女教师所希望有的一切：荣誉、职称、待遇……按世俗的眼光看，她完全可以不用那么卖力了，只需“守着摊子”再过几年就可以退休了。但黄雪萍老师觉得自己还可以更幸福，而新教育实验可以给自己这份“更幸福”。

她对老师们说：“从教以来，真正让我为之怦然心动的、为之燃烧热情的还是去年1月与新教育的相遇。它就如一道清风吹进我的教育世界，让我的生活焕然一新。以前也做班级管理也搞教学，但往往是想到一点做一点，也不曾想这样做到底要有什么结果，冥冥之中只感觉这样去做，能给学生们带来快乐。日子就这样一天天过去了。直到2015年1月8日邂逅新教育，我教育生活的心灯就此点亮。‘让师生、家长过一种幸福完整的教育生活’，这是多么美好又实在的教育理念和愿景啊！营造书香校园、缔造完美教室、开发卓越课程、每月一事、戏剧课程……就如一颗颗珍珠，串起了我的教育生活，激发了我的教育热情。我感觉到未来的日子将有很大的不同。”

回到成都，黄雪萍就行动起来了。从哪里入手做新教育呢？黄雪萍首先选择了新教育实验十大行动之一的“缔造完美教室”。

回到成都不久便放寒假了，但黄老师却没有“放假”。她利用假期，和家长、孩子们一起构想他们的“完美教室”——他们将自己班命名为“破壳班”，并确定了班徽，班徽说明是这样的：“以红色为底。红色，象征着孩子们的热情、活泼、奔放、激情，红色还象征着光明。在红色的包裹中，一颗绿色的幼芽正在汲取力量，等待破壳而出。黄色和白色的图案就像一双温暖的手，它象征着绿色的幼芽在老师、家长温暖双手的呵护下茁壮成长。”黄老师和孩子们还一起创作了班诗、班歌，甚至还设计了班服。

还没开学，黄老师便率先开启了“破壳班”的共读课程。她带着学生一起阅读《我和小姐姐克拉拉》《木偶奇遇记》《鼹鼠的月亮河》等三本书籍，一起分享读书的快乐。开学后，她引导家长创办了一个共读展报，激发家长回家以后利用一些时间陪同孩子一起享受亲子共读的乐趣。孩子们读完书中的故事后可以讲述自己的故事，并撰写成文。黄老师将这些文字一一修改、点评后汇集成册，希望孩子们长大成人后再回头时，看到自己的每一个脚印是那么扎实和清晰。

黄老师和孩子们还开展了晨诵课程。3月1日报道那天，全体家长和孩子们聚集在一起，以吟诵金波爷爷编写的《花朵开放的声音》的方式为晨诵课拉开了序幕。从此，黄老师每天早上都和孩子们提前 20 分钟走进教室，坚持晨诵。一个学期里，他们共晨诵了金波的《愿站成一棵树》《会飞的花朵》《让太阳长上翅膀》《如果我是一片雪花》《听春》，还晨诵了日本金子美玲的《奇怪的事》《全都喜欢上》《我爱洗澡》等 10 首诗。每一首晨诵的诗黄老师都认真写下教案、课后札记、教室随笔。孩子们晨诵后创编了《柳树发芽的声音》《破壳种子成长的声音》《小鸟歌唱的声音》《会听课的蜘蛛》等诗句，黄老师也将这些稚嫩的诗句一一整理成册。

在学校，"破壳班"进行晨诵和共读；在校外，他们则开展了亲近自然的户外活动。3 月的清明前夕，走进近郊的茶园，在家长和孩子们的共同参与下一起采茶，开启了"茶文化之旅"。黄老师的丈夫为孩子们讲解茶的采摘和分类，演示手工制茶的全过程。孩子们用稚嫩的双手，将一芽芽嫩芽制成了茶叶，一人一小袋成品茶是孩子们劳动的成果。4 月，黄老师和家长们利用星期天带领孩子们一起爬山，既锻炼了身体，又亲近了自然。爬山回来后，一起办爬山展报。5 月，他们一起到农村的稻田里插秧，让孩子们从小就体会到"汗滴禾下土""粒粒皆辛苦"的真正含义。6 月，当学习冰心的《雨后》那天，正巧下雨，黄老师索性让孩子们到雨中疯一把。孩子们乐了，有趣的诗歌和雨中的身影完美地交融在一起。雨后，展现在黄老师眼前的，是孩子们一篇篇快乐的日记和一首首灵动的诗歌。7 月的暑假，师生再次一同走进书海，共读《中国神话》《彼得 · 潘》等书，然后将一份份读书小报汇集成册。到了 8 月，黄老师建议家长们根据自己的实际情况，自行组合，带着孩子们踏上旅途。暑假结束，开学那天，《抚仙湖之旅》《青海湖之旅》《日本之旅》《沙巴之旅》等旅游展报成了"破壳班"教室里一道风景线……

新教育实验让黄老师的每一天都充满诗意，也给孩子们的每一天带去了快乐。黄老师实施了生日赠诗课程。每一个孩子在生日的当天，一定会收到黄老师送给自己的生日诗歌。黄老师为每个孩子写下属于他们自己的诗，这些诗有赞美，有鼓励，更有希望。孩子们在老师的影响下，也兴致勃勃地为自己写生日诗，有几个孩子还饶有兴趣地为黄老师写诗。

从北师大回成都，仅仅过去了一学期，8 月的暑假里，黄老师"禁足"10 天，梳理着半年来缔造完美教室的旅程，她被孩子们一篇篇文字和一首首诗歌所打动。她萌发了一个美好的愿望：让"破壳班"孩子的童年堆满故事！因为有故事的童年才是动人的童年，有故事的童年才是孩子们出彩的人生。当然，“破壳班”已经有很多故事了，但这些故事应该被凝固下来，并保存下去。于是，黄老师将孩子们的一篇篇文字装订成册。这是“破壳班”的班级史册。她还将近郊的一套房子作为“破壳班”的博物馆，用以陈列“破壳种子”的故事。在破壳博物馆成立那天，我还遵嘱语寄“破壳班”：“永远保持一颗纯真、善良、美丽的童心！”黄成凤校长提笔写下“博学笃志”四个字，寄予孩子们殷切的希望。学生的硬笔书法、毛笔书法，以及采茶的水粉画和茶韵的国画，还有他们办的各种小报，以及一切蕴含着“破壳班”故事的物件，都陈列在这个班级博物馆里。

一年后，黄雪萍老师面对全国的新教育同人这样说：“回首走过的 379 个日夜，我感觉到自己经历了一场蜕变，收获了比过去 25 年还要多的教育幸福！通过教育，促进学生成长；通过教育，促进自我成长。感谢新教育，让我明白了教师的幸福从哪里来——从学生中来，从实践中来，从阅读中来，从写作中来，从反思中来，从心态中来……”

我知道，黄雪萍老师的确说的是肺腑之言。新教育的确改变了她。2016 年寒假，农历大年初一晚上，我看到微信上黄老师晒出了她的读书笔记，是用钢笔写成的读《和青年校长的谈话》《幸福比优秀更重要》等书的感想，落款是“大年初一晚上 23:32”。那几天她每天晚上都晒出这样的手写读书笔记，让我大为感动：春节期间她为什么不去打麻将，却要读书？别人看来也许不可理解，但对黄老师来说，这是她自己选择的最快乐的过年方式。

她后来在演讲中说：“以前我是一个对阅读不怎么感兴趣的人，当加入新教育后，我从阅读中感悟到了生命的价值，感受到了生命的幸福。追逐新教育的旅程中，我习惯性地从书中去汲取营养，来缔造我的完美教室，读书便成为我每天生活的课程。内心的富足是我更大的收获，汲取的教育理念让阳光透进了我的心灵，让我更清晰地明白：一定要做一个点灯的人，让孩子爱上阅读，为童年播下最美的种子。”

在做新教育之前，和许多老师一样，黄雪萍是不太爱写的。但新教育教师成长的途径就是专业写作，就是不断记录并反思自己的实践，所以特别提倡写教育案例、教育故事和教育随笔。何况，每天精彩的教育生活也感动着黄老师。她情不自禁地拿起了笔，记录每一天点点滴滴的精彩。

比如，在生命叙事剧课程中，每一个孩子都是奇迹，每一粒种子都在萌发。

孩子们体验着成功和自信的快乐，体验着超越自我的幸福，这些都是孩子们生命成长的礼物。于是，利用假期，黄老师将开展的生命叙事剧整理成册，多达7万多字！

她说："直到现在，我都无法相信，在大家都在微信朋友圈里晒旅行之乐的假期，我能静心坐下来敲击键盘，将一段旅程进行梳理。我既没有写作的痴情，更没有可以写作的资本，只是因为踏上一段新的旅程，要将别样的风景赠予不惑之年的自己。有些路，如果不走，就永远不知道会遇到什么样的风景。如果走了，在欣赏风景的同时，领悟生命的意义，然后就迷恋上这样的生命。"

到现在，黄雪萍老师已经写作万字。

曾经有人问黄雪萍老师："你开展新教育课程，不会影响孩子们的学习成绩吗?"

黄雪萍老师坦然而自豪地回答："恰恰相反，因为这样的课程，孩子们更加自信，理解和习作能力更强，童年生活更加美好。我们'破壳班'的孩子，以前因为不自信，无论是学科学习还是体育锻炼成绩，都在年级倒数。后来在新教育的引领下，我们开展了各种课程，孩子们越来越自信，越来越阳光，学科成绩由倒数第一变成正数第一，体育锻炼成绩也连连获得第一名。暑期孩子们参加成都市第十五届少儿才艺大赛，有8个孩子荣获一等奖。这些数据和奖状，是对一些老师担心的最好回答。"

新教育会不会影响教学质量？这是很多人关心和担心的事。但迄今为止，所有搞新教育的学校没有一所因为新教育而降低了教学质量。黄雪萍的班只是其中一个小小的例证。而她所在的成都市红牌楼小学，因为新教育，教学质量也大幅度提高。校长黄成凤这样对我说："以前我们学校参加区里的各种调研统考，成绩都不怎么样，但最近两年，因为搞了新教育，我们学校的教学质量稳步上升。最近的一次区里调研考试，我校名列全区第一！"

黄雪萍老师很美丽，时时都洋溢着青春的气息，所有见过她的人都说简直看不出她的年龄已经"奔五"。她说："在'奔五'的生命途中遇见新教育，我感觉到我的生命在怒放。"

是的，因为新教育，黄老师的生命在怒放，而怒放的生命自然永远美丽而年轻。

2017年3月23日

王兮：生命被新教育改写

那天中午，我接到王兮老师的一条微信：“今天是9月18日，2012年的今天，是您把我领上了新教育之路。往事历历在目，谢谢您!”

陡然间，这条微信让我想起了2012年的9月18日，我在武侯区教育局做新教育培训时的情景。那天，当我在讲述一些新教育人的成长故事时，王兮老师听得特别专注。当天晚上她就写下了这样一段教学日志——

> 今天，注定是不平凡的一天，不仅仅是因为是国难日，举国哀恸，更重要的是，今天我第一次近距离地接触了新教育——一种朴实无华的教育，一种浸润孩子心灵的教育，一种折射着教师宗教般情怀的教育理想，充满了对人性温情关怀的教育。
>
> 当天晚上，我在李老师的建议下在网上看新教育榜样教师的故事。看着看着，我哭了，因为我想带着我的孩子们去走这条路。

要知道，在这之前，王兮有着严重的职业倦怠感，她甚至想辞职去当网络作家。但正如几年后王兮在其专著《做有温度的教育》中所说：“从那天开始，我的教育生命被改写。”就在王兮流泪的那一刻，她做出了一个庄严的决定——我要做一个新教育者！就这样，王兮开始了她的新教育之行。

知易行难。

在接下来的几个晚上，王兮失眠了，脑袋里翻腾的都是新教育的信息。躺在床上她总是在想：“我要怎么做?”——要知道当时她所在的双楠实验学校还不是新教育实验学校，没有一点“新教育氛围”，周围也没老师搞新教育。王兮只能自己摸索。

她想到了教育在线论坛，这是新教育的一个网络平台。她注册了会员，阅读学习了有关新教育的帖子。渐渐地，她有了些眉目，决定从阅读入手，营造书香班级的氛围，并着手缔造完美教室。她根据一些相关的网帖理出了一个简单的思路——

1. 利用网络资源收集了一些绘本资料，将每周五的一节语文课固定为阅读课，给孩子们讲故事。

2. 全班统一购买两个笔记本，进行读写绘作业和晨诵作业的记录。

3. 启动读写绘作业和晨诵评价表。

4. 通过校讯通联系学生父母，让他们获悉班级即将开展的阅读之旅，并且及时指导父母和孩子共同参与。

5. 请同学们给班级取一个响亮又富有意义的名字，设计独一无二的班级标志。

第二天一大早，王兮老师就迫不及待翻开了家校联系本，家长和孩子们为班级取了好多有趣的名字呢："葵花园""毛虫班""阿凡达班""星星班""起航班""蜜蜂班"……

究竟确定什么名字呢？孩子们争论不休。"那就举手表决吧！"王兮老师对孩子们说。一双双小手臂像田地里齐刷刷的秧苗。最后，"星星"以最高票数得以成为班名。孩子们鼓起掌来。

那一刻，王兮老师怦然心动。她想：是啊，"星星"，这个名字多响亮！多有意思啊！你看，孩子的眼睛多像天空中闪烁的繁星，每一个孩子，就是班级里一颗颗充满无限幻想的智慧星、聪明星……这就是民主吧。尊重孩子，从每一点做起。

在接下来的日子里，王兮老师和孩子们一起把"星星班"这个名字变得真正富有意义。

"星星班"的孩子们在王老师的指导下，围绕着星星的主题设计了班徽——打开的书里夹着一支笔，象征着热爱阅读的人能妙笔生花；那支笔似乎在记录，记录着孩子与老师的收获和成长。笔的一端是花，因为书本笔墨是香的；笔的另一端是星星，因为"星星班"的孩子将通过书本走向美好的未来！

他们选定了班歌——《星星的心》，同学们还为这首歌曲自编自创舞蹈动作呢。每一次班级的庆典上，这首歌作为结束曲一再被同学们唱响，成为了一种特别的班级仪式。

运动会上，全班同学在爸爸妈妈的帮助下手工制作了“飞翔的小星星”的头饰，作为班级运动会的标志；QQ群和微信群统一命名为“星星班”；给孩子们制作的成长册、订制的小印章、班级的班牌以及后来发行的星星币都印上了这个响亮的名字。当然，班级文化墙上也少不了关于星星的文化符号……

而班诗，是直到二年级的时候孩子们才选定的。二年级时，当同学们读到谢尔的诗歌，大家眼前一亮——这正是班集体里每一个孩子的心声啊：

总得有人去擦亮星星

[美] 谢尔·希尔弗斯坦

总得有人去擦星星，
它们看起来灰蒙蒙。
总得有人去擦星星，
因为那些八哥、海鸥和老鹰
都抱怨星星又旧又生锈。
想要个新的我们没有。
所以还是带上水桶和抹布，
总得有人去擦亮星星。

就这样，王兮和孩子们用时间充实着“星星”这一词汇的含义，不断“擦亮星星”，并赋予了它属于班级每一位成员的独特价值。

正如王兮给孩子们写的第一封信——

亲爱的星星班的孩子，你的梦想是什么？

星星班的孩子啊，你走到窗前，看看远处的天边。你看得见那颗星星吗？或许你会茫然地说：“那是白天，怎么看得见呢？”可是有个小男孩却说：“就是那颗星星啊！我真的看得到，它依然高挂在天边，不分日夜，一直为我而闪烁着，那是属于我的希望之星；只要它存在一天，我的梦想就永远不会破灭。”那个男孩长大后带着他的士兵席卷整个欧洲，成为真正的法国皇帝。他就是拿破仑。

> 星星班的孩子啊，寻找你的理想之星吧，或许它就藏在你内心深处，等待你的唤醒。你要相信，只要从小就种下梦想的种子，相信种子，相信岁月，坚持不懈，美梦就能成真。
>
> 种下梦想，够吗？不够，那只是种子。
>
> 种下热爱，够吗？不够，那只是阳光。
>
> 种下坚持，够吗？不够，那只是营养。
>
> 我们还要——
>
> 你的相信以及岁月。
>
> 从每一天清晨，用美妙的声音唤醒黎明开始——
>
> 从每一个故事，用高尚的德行唤醒心灵开始——
>
> 从每一个反思，用深刻的铭记唤醒自己开始——

就这样，被新教育重新点燃职业理想的王兮，开始了她一个人的新教育实验，带着40个孩子扬帆起航，踏上了共同成长的道路。

后来，王兮回顾所走过的道路时写道——

> 这条道路的意义，绝不仅是为了抵达目的地，这段路途中的风景也是道路的一部分。而这种风景就是体验的世界，就是每天发生的一个个故事，就是我们的经历，它揭示了成长的时时刻刻的各种关系。课程就是创造了丰富的情境，就是创造了故事，创造了经历，增强了师生的黏性。只有在这样的条件下，课程才是有生命力的，才是有血有肉的，才能让每一个生命在课程中拔节。

在这条道路上，课程创造了情境、故事和经历，“每一个生命在课程中拔节”。在王兮的“星星班”里，有多彩的课程，有生动的情境，有精彩的故事，有丰富的经历。我这里只简单说说她的“笔记大自然课程”。

这门课程的灵感来自王兮和女儿踏青的经历。当母女俩在郊游中呼吸着大自然的空气时，她突然想到班里的孩子们似乎并没有自己女儿那么幸运，因为他们时常抱怨：周末的补习班已经把亲近自然的时间压榨得所剩无几了。能否将学习与自然结合呢？抱着这样的想法，她觅到了一本有趣的书《笔记大自然》。该书作者克莱尔是美国著名的艺术家、教育家和环保学者，而这本书也被誉为梭罗

《瓦尔登湖》的现代教学版。它详尽地教授了日记的布局方式、各种不同风格的日记主题和技巧范例，以及怎样指导他人写自然日记。

读罢，王兮颇受启发，决定将书中介绍的极具操作性的小课程融入班级的教学里。于是，自然笔记课程就这么简单地启航了。

那天早读课时，她给孩子们欣赏了克莱尔的自然笔记练习——三月里长叶的车前草，黑橡树的芽叶开始胀大，雪雁从空中飞过，朝不远处的野地飞去；四月老白蜡树的种子横躺在校园的石板上，小朋友拿它当作直升机玩耍，蚯蚓和它们的孩子在土地里微微隆起；五月的木兰花开得正旺，这个春天看到的第一只蝴蝶正翩翩飞过大街……还有什么比这些美妙的文字和图画更具有吸引力和说服力呢？孩子们看着投影仪里的图片发出一阵阵赞叹之声。

随后，她给孩子们具体介绍了自然日记的写法。比如：在图画的右上角写上姓名、日期、地点、时间、天气、第一印象、风向和云量；在地面观察时，聚焦于一个固定的观察目标，再描述周围的环境，将目标事物与周围的环境联系起来。

那天的第一节课正是语文课，孩子们便拿着自己的图画本、铅笔，端着小板凳，来到了四楼的种植园里。这是学校新辟的一块种植园地。30 多平方米的小花坛里种植着各类蔬菜和两棵黄桷树。中间有一个椭圆形的小池子，里面有些水草和浮萍。

孩子们或坐或站，有的孩子干脆趴在用瓷砖砌起的半米高的隔栏上，按照王老师上一节课教授的方法开始画起来。孩子们专注于植物的根、茎的形态，用尺子或用手估量着植物的高度、叶片的宽度。孩子们彼此之间小声地交流：“你看，水池底部的青苔泛白。为什么呢?”“这个是什么?”

虽然王兮老师戏称自己“四体不勤，五谷不分”，但她为了这门课程虚心求教，请来了学校种植园的管理员孙师傅。孙师傅耐心地跟同学们介绍：“这是小白菜，这是黄瓜，这是金鱼草，这是厚皮菜……”

“除了观察具体的某一样事物外，还要观察周围的环境。”王老师细心地走到孩子们中间提醒着。大伙便抬起头来，看天上云朵的形状，看几只麻雀扑棱着翅膀飞过楼顶。于是，孩子的自然笔记上便有了这样一段话：“今天是 9 月的最后一天，9:00，气温 20℃，观察地点为学校四楼数学办公室对面的小花园。天空是灰白色的，阴沉沉的，空气很潮湿，几只麻雀振翅飞过，我觉得很冷，可能要下雨了。”

你可以从孩子们的作品中感受到这个课程的生命力——

康吉晔在观察黄角兰的笔记中写道：“这株植物好像跟普通的树没什么两样，唯一不同的是它比别的树更小一些，它树皮呈棕色，叶子扁平，椭圆状，大约有2米高，树干和树枝都很细，最粗的枝直径大约2厘米，两根指头就能握住。”

刁玉洁的画面里用铅笔涂抹的线条表现天空的色彩，那是背景；天空下用铅笔勾勒出一方池塘的轮廓和水纹，这是前景。在池塘中，她画了金鱼草、浮萍和青苔，并打上箭头——注明——水位：7—12厘米；金鱼草的叶子软软的，有细毛；一种绿色的不明植物，像浮萍；水里有透明的水蜘蛛在奋力划动双脚。

王兮说，那天虽然只是初步实践，但她十分惊喜地发现，连最拙劣的画技通过细致入微的观察也能描摹出如此生动形象的图画作品，而这些图画作品通过数学的测量又最大化地将孩子们的记录变得科学、丰满、翔实。第一次的课程尝试给她以莫大的信心。一节课的观察日记时间同学们竟然意犹未尽，于是，她趁机提出，10月的国庆长假，作业便是一篇自然日记。她想，很多孩子跟随父母出门旅游，这份作业不是正好为他们提供了一个与大自然耳鬓厮磨的机会吗？

果不其然，孩子们听说这样的作业都欢呼起来，一个个喜笑颜开。开学后，同学们齐刷刷地交上一沓作业。王兮惊讶地发现，班上竟然有一半的孩子做了七篇自然日记，再配上漂亮的封面，便成了一本自然手绘书。孩子们主动超额完成任务，足见这样的课程多么具有吸引力啊！

这样的自然日记课程能不能做得更深入，与其他课程整合呢？王兮老师又开始第二次尝试，这一次的实践便更具有语文学科的味道了。

那天早上，下着蒙蒙细雨。要是平时，王兮老师和孩子们都会躲在教室里晨读。但是不同的季节、不同的天气正是用另一种视角观察大自然的绝好机会。于是，她带着孩子们打着伞，拿着笔和纸蹲在石坎上，围在小池子旁看植物的变化，孩子们的观察视角也从菜园里的小小植物扩大到观察大自然的昆虫。

“你看，那是什么？”一个叫唐桦的孩子嚷着。她蹑手蹑脚抓住了她的第一个战利品。

“哇，一个蝼蛄的壳！”同学们聚拢在她的周围，发出惊叹。这些平日里都躲在《昆虫记》里的玩意儿竟然活生生地出现在孩子们面前，大家甭提多兴奋了。

回到教室里，王老师指导孩子们如何把观察日记变成一篇作文。大家进行骨架图的梳理，孩子们有的说，我准备重点写我观察的池塘的变化，把平时没有下雨的情形和下雨后进行对比，有的说，我要重点写黄瓜，前几天黄瓜花还在开呢，今天我就看见了一个小小的果实躲在叶子后面。那天的作文，王兮老师几乎没有进行任何修改，每一个孩子都写得不一样，每一个孩子都写得很生动。

“今天下雨了，水池里的青苔绿得发黑，平时挺直了身子的金钱草不知怎么的全部一股脑地匍匐在水池的底部。水池没有积水，我猜想是因为发白的青苔吸收了雨水吧！”

“昨天无精打采快要枯萎的小黄瓜，今天又长出了新叶子。有一棵黄角兰还开了花，真漂亮。这些植物真顽强，下雨的时候在长，没下雨的时候也在长。”

“一大早，我就被屋檐下滴落的水珠暗算了。下雨，昆虫都躲了起来，蜗牛却趁机占领了它们的地盘。”

孩子们的语言真实、细腻、风趣又生气勃勃，平日里业已成形的词语通过孩子们观察力的雕琢一下子就鲜活起来。他们变得敏锐，驾驭文字的能力也迅速提高。

最重要的是，孩子们对写这样的日记乐此不疲。不同时节、不同天气、同一地点进行比较、记录，还可以在同一时节、不同地点进行对比。

“王老师，这是什么？”笔记大自然课程带动了孩子们写作水平的提高，也带动了孩子们的好奇心，他们经常指着各种植物或动物追着询问她。王兮这位语文老师常常被孩子们问得哑口无言。于是她把照片拍下来，向科学老师求教，或放在班级群里请孩子们的爸爸妈妈帮忙解答，或变成作业让孩子们查阅资料，寻找答案，写调查报告。渐渐地，孩子们教王老师辨认积雨云、层云、卷云，教她认识龙葵、车前草……周末的时候，王老师带着孩子们去白鹭湿地观察植物和动物，一起在科普长廊里了解湿地的形成过程，以及动植物的物种，孩子们成了王兮的老师，这样的课程也不知不觉竟有了科学、生物学的意味。

在晨诵《诗经》时，王兮发现《诗经》里出现了很多植物的名称，于是她上网搜索“诗经里的植物”，没想到，网上的资料应有尽有。于是，她带着孩子们读《关雎》时认识了荇菜——那不正是水池里像浮萍一样的不明植物吗？读《芣苢》时认识了车前草，那可是利尿清热的常见药物……就这样，晨诵与笔记大自然又有了新的契合点。

王兮说："我只是把孩子们带进了自然里，让他们专注于一花一草的形状、纹理、气息，让他们感受大自然植物、动物彼此之间的关系。他们通过观察、画画把事物具象化、细节化，捕捉到偶然闯入我们生活中的一只菜粉蝶、一只蜗牛、一只水蚊子的刹那，他们的眼睛、耳朵、鼻子、嘴巴、心灵便打开了，他们便真正成了大自然的一部分。"

不经意间，王兮找寻到一种学习的新途径，一种整合数学、科学、艺术、语文等多学科的方式。她感到自豪，因为她觉得自己为孩子们打开了一扇通往真正学习的小窗。

除了"笔记大自然课程"，还有"新父母课程""生命课程""经济学课程""甲骨文课程""吟诵课程"……王兮老师将新教育实验做得有滋有味，有声有色。

王兮，从一个曾经有过职业倦怠的普通教师，成长为一名新教育实验的践行者。三年后的2015年7月，在一年一度的全国新教育年会上，王兮老师被评为全国新教育榜样教师。组委会的颁奖词是这样的——

> 一场不期而遇的邂逅，一次点燃梦想的追寻。从初始到深谙，从懵懂到热爱，她选择了新教育的路，一条注定不平凡的路。这里，有她愿意为之奋斗的理想，这里有她倾心呵护的孩子。听，那清越激昂的晨诵清音，不正是她和学生们共同吟诵的生命之歌吗？

2017年3月24日

卢晓燕：“风景总在转角处”

2016年6月3日，我应邀去成都市华兴小学观摩该校的新教育展示。

最后一个内容是一个毕业班的毕业典礼，这个“典礼”也可以叫作“课程”。没有表演，没有朗诵，没有歌舞，就是一个班的孩子站成队列观看他们的老师——一位年轻漂亮的女老师，通过照片和视频给他们展示四年来他们走过的足迹：“毛虫家族”的诞生、原野郊游、第一堂绘本课《爱心树》、第一次生日送诗、芦山大地震后的晨诵……在局外人看来，不过是看照片和视频，可对这些孩子来说，这是他们四年来和卢老师一起度过的生命中的每一个精彩瞬间。而仿佛昨天才发生的这一切，却即将成为记忆，成为历史，孩子们流泪了，最后泣不成声。坐在下面的爸爸妈妈们流泪了，情不自禁地上去拥抱着孩子们。

孩子们这不是悲伤，而是惜别。不只是惜别小学时代，也是惜别他们亲爱的卢晓燕老师。

卢老师和孩子们的第一次见面是2012年9月开学的第一天。那年暑假，她参加了在山东临淄的新教育年会。一个个新教育的精彩故事，一位位新教育的榜样教师的成长，感染着、感动着年轻的卢老师。她被新教育打动了。置身会场的她不止一次编辑短信发给校长：“我要教一年级，你看我才送走一个毕业班，重新接手一个一年级，不是正好吗？反正我要做新教育，我要带着孩子们一起走进绘本，走进诗词童谣……”

校长回复：“待商量。”于是，卢晓燕开始了揪心的等待。当新学期开会分配工作时，她听到的却是“卢晓燕，三年级四班！”这声音让她愣住了：三年级？又是接手别人的班！说好的开始进行新教育呢？她感到了失落，本来构思酝酿并跃跃欲试了一个暑假的“一年级的新教育”顿时成了泡影。

但是卢老师转念又一想："谁说新教育非得从一年级开始呢？尽管接手的是三年级，但是我还是要开始我的新教育实验——如果这个班不开始，真不敢想象我正式实践的时间会被推后到什么时候。"

临近开学时，为了给三年级四班的孩子们在开学第一课就有眼前一亮的感觉，卢老师在网上找相关资料，做成幻灯片，于是她和孩子们见面的第一堂课便是《爱心树》。看着孩子们对绘本故事充满好奇的眼睛，她坚信自己的选择是正确的。当即，她在黑板上用这样简单的格式让孩子们写一写："谁像爱心树？因为什么？仿写两小节，并且在一旁配画。"于是孩子们的第一次写绘作业也开始了。

几年后，卢晓燕老师已经是一名优秀的新教育榜样教师了。她在给武侯区的老师讲述自己的成长历程时，回顾了她的新教育第一课，她这样说道："属于我自己的新教育，就在这样一个期盼、等待、纠结、憧憬的转角处启程……"

从 2012 年 9 月到 2016 年 6 月，从三年级到六年级，卢晓燕这个从三年级接手开始进行新教育实验的"毛虫家族"，四年间有了太多足以让人感动的点滴和瞬间，有了太多已经嵌入卢老师和孩子们生命的故事。

故事一：流露在晨诵中的眼泪

那是一个周六的早晨，突然大地剧烈摇晃，原来是雅安芦山地震。尽管经历过"5・12"大地震，但卢老师仍然惊魂未定。她首先想到了"毛虫家族"的孩子们，他们和自己一样经历了两次地震，会是怎样的感受呢？于是，她临时将周一的晨诵内容更换成《孩子，快抓紧妈妈的手》，紧接着做幻灯片，搜寻资料，目的只有一个：让孩子们在这样的晨诵仪式下，感知生命的可贵、亲情的珍贵！

4 月 22 日周一早上的晨诵，卢老师简单讲述了雅安芦山地震和汶川大地震的危害性之后，便开始播放《孩子，快抓紧妈妈的手》这首诗歌的朗诵视频。在当时那样的氛围下，听着朗诵者声情并茂的朗诵，班上好多孩子的眼眶都湿润泛红了。而当卢老师请孩子们一起起立朗读全诗时，他们好多人都哽咽着——

孩子

快抓紧妈妈的手

去天堂的路
太黑了
妈妈怕你碰了头
快抓紧妈妈的手
就让我陪你走

妈妈
可天堂的路太黑
我看不见你的手
自从倒塌了的墙
把所有阳光夺走
我再也看不见
你柔情的眸

孩子
你走吧
前面的路再也没有忧愁
没有读不完的课本
和爸爸的拳头
你要记住
我和爸爸的模样
来生还要一起走
……

这样的晨诵是有意义的。它比单纯地进行安全教育来得实在，也简单传授了爱护生命、懂得亲情的可贵。而这次涌动在晨诵中的眼泪也告诉了卢晓燕老师，班上那些善良的“小毛虫们”，在危机时刻是能正确应对的。

故事二：以信为媒，开启交流的另一扇窗

“毛虫家族”在常规的晨诵写绘、班级共读之外，也利用其他更多的资源，来创造学习的可能性。

三年级下册有一个单元主题是“书信”，其中就有一篇课文是来自金波的诗歌《信》。教学完诗歌后，卢老师布置孩子们进行了相应的仿写，但是她总觉得少了些什么——既然本单元的主题是“书信”，那何不利用这个机会，在简单讲解书信格式要求外，让孩子们在这样一个网络时代，来一次真真实实的书信交往呢？于是她想到了可以和以前实习学校的孩子们进行一个联谊。当她将想法告诉她的实习指导老师后，得到大力支持，正好那位老师所教的班级高一个年级，在学习上也能对“毛虫家族”的孩子起到一个带动作用。

就这样，华兴小学“毛虫家族”和簇桥小学“蜗牛家族”的书信来往便开始了。卢老师要求孩子们亲手贴上那枚代表等待的邮票，到邮局将信件放置在邮筒里，让他们有一个实实在在书信往来的体验。后面来往的信件，卢老师就安排家住得离簇桥小学近的同学，担任小信使，大概两周一次往返信件。到了四年级时，簇桥小学有一个和卢老师同年级的班级也加入了书信交流，于是“毛虫家族”的“小毛虫们”就拥有了两名笔友。这样的书信交流进行了两年，笔友们也快毕业了。为了给这几年的活动画上圆满的句号，卢老师和对方老师组织了一次笔友见面会，孩子们带着礼物和节目，与家长代表一起前往簇桥小学。家长们深感这样的活动真的是将教育落地了。

在现今这样一个通信发达的社会，互联网缩小了人际间的距离，而书信这种慢节奏的生活方式，在书写时却带给孩子们内心的平静。它所特有的那份温馨，那份亲近，那份甜蜜，让彼此都感受到了等待和时间的力量！

故事三：走出校园，且行且绘

“毛虫家族”每周一次的晨诵写绘进行了两年多，但是到了高段，对于选择怎样的儿童诗，似乎进入了瓶颈期。卢老师除了选择适合他们的绘本故事外，又结合泰戈尔的《飞鸟集》进行辅助，但她感到五年级下册就有点勉强完成了。

到了六年级，这个问题依然困扰着她，甚至有一小段时间是停滞不前，仅仅依靠“班级共读”来维持。

但是，卢老师无意间的一次经历却带给了她突破的灵感——

成都市人民公园，每年都会在 11 月举办菊展。卢老师突然想到，何不让家长在下一个周末带上孩子前往呢？赏菊、写绘、小练笔……刚好卢老师那几天正在进行“战争”那个单元的教学，再加上寻川军“保路运动”的资料，一举四得，何乐不为呢？

于是卢老师的“毛虫家族”行走课程之“秋菊”篇便应运而生。而这样的亲子活动，在这个班还是第一次。华兴小学是一所位于三环路的学校，在读学生 1231 人，其中外来务工子女就有 1045 人，本地户口学生只有 186 人。卢老师班上当时 48 名孩子，本地生只有 5 名。所以绝大多数父母对于孩子们的照顾仅限于温饱，而疏于指导他们对大千世界的观察理解。“毛虫家族”不可能像其他学校学生那样远足，观日出赏云海，戏海水游长城……对于这些孩子们来说，他们对外面的世界的了解大多仅限于电视媒介。

所以，当卢老师在班上宣布了这一消息时，孩子们表现得相当惊喜、兴奋，当然也少不了忐忑。他们议论着：怎么前往呢？要做什么准备呢？卢老师一一解答指导，家长们对此也很支持。

那一周的周六和周日的晚上，卢老师陆续收到孩子们发来的赏菊照片，看着他们惊喜的眼神和家长们满足的微笑，她深感此次活动是成功的。孩子们随后完成的写绘作品和小练笔，也相当不错！

吴钰铃的写绘是这样的——

问　菊

是什么，让你出落得超逸？是什么，让你如此惊艳？绰约多姿的身影，曼妙的身形是否是你养精蓄锐的最终目标？

刘佳慧的写绘是这样的——

咏　菊

是谁这样豪放，大笔大笔地把彩墨挥洒？是谁这样手巧，一针一线绣得精致？

以前孩子们在书中、电视上看到的都是别人世界中的菊花，而今天，他们近距离看到的却是自己眼中的菊花。

此后12月份，“毛虫家族”由卢老师和15名家长带队，集体前往电子科技大学欣赏了银杏，此行让孩子们实实在在体会到了“满城尽带黄金甲”的壮观场景。

刚好，六年级上册第八单元的主题是“岁寒三友”，卢老师又结合花中“四君子”，还拟定了“冬品梅”“春观竹”“夏赏荷”的活动。行走课程伴随着“毛虫家族”的“毛毛虫们”顺利毕业了，而那一次次“行走”，却成了他们永远美好的记忆。

这回忆也是属于晓燕的。“毛虫家族”的新教育历程，让晓燕也收获满满。她这样写道——

首先认知程度在增强，对于阅读我也随着学生的脚步不断扩充，真正地潜下心来在自己的教学上。这几年阅读的书籍不仅有关于新教育的，更涉猎了其他领域的：童喜喜老师的《新教育那些花儿》、马玲老师的《手心里的光》、许新海老师的《做新教育的行者》、吴勇老师的《漫话新教育》、李镇西老师的《给教师的36条建议》……此外，更是跟着班上孩子们一起，再次走进童书中，再次找回孩提时代的那种纯真：从《窗边的小豆豆》中，孩子们了解到“巴学园”的与众不同，感受到小豆豆的转变是充满着欢声笑语的。从《夏洛的网》里面，体会到了友情的可贵。在《昆虫记》当中，孩子们开阔了眼界，走进了丰富多彩的昆虫世界，了解了它们的生活习性。在《查理和巧克力工厂》里面，孩子们学到了善良、克制、友爱、分享等充满正能量的种种品质。这几年来我们还共读了《我和小姐姐克拉拉》《时代广场的蟋蟀》《绿野仙踪》《长袜子皮皮》《宝葫芦的秘密》《青铜葵花》《小王子》……

但是，最大的收获我觉得是在我的性情上——

记得当初才开始实践新教育时，我是一个急躁、易怒的人，在此前的那个班，总是恨铁不成钢，对他们的要求也严，稍不留意就发火了。记得第一个毕业班的孩子，在六年级下册一篇课文《一个这样的老师》的课后畅谈中，对我的评价就是一个字——火！言简意赅又直击要害。

而在上个“毛虫家族”新教育实践的过程中，我逐渐慢下来、静下来了。每每在晨诵课上，我们都很享受那样一种仪式感；每每看到他们的写绘作品，我都很欣慰；每每在我们午间共读、共赏电影后谈论时，我又觉得语文老师的教学，课本之外的才是大天地！

慢慢地，晓燕的新教育故事感动了许多人，一些学校请她去讲自己的故事。她的讲述题目总是《风景总在转角处》。我问她怎么理解“风景总在转角处”，她对我说：“我觉得就是一个选择，一个坚持，就会有意外的光景。”

“毛虫家族”毕业了，卢老师主动向学校提出申请教一年级，她和孩子们一起为自己的一年级三班取了一个别致的名字：“点点三班”。

为什么班名叫“点点”？晓燕告诉我，她特别喜欢一首诗，这首小诗的题目就是《一点点》——

一点点种子，一点点泥土
一点点整理，一点点这个那个
一点点阳光，一点点雨水
一点点等待，然后——
一朵小花……

2017年3月27日